U0632404

爸爸，我们去哪儿

于秀 著

新时代出版社
New Times Press

图书在版编目（CIP）数据

爸爸，我们去哪儿/于秀著.--北京:新时代出版社，
2015.7

ISBN 978-7-5042-2422-4

Ⅰ．①爸… Ⅱ．①于… Ⅲ．①家庭教育 Ⅳ．①G78

中国版本图书馆CIP数据核字(2015)第160187号

※

新时代出版社 出版发行

（北京市海淀区紫竹院南路23号　　邮政编码100048）
北京嘉恒彩色印刷有限公司印刷
新华书店经售
*
开本16开　　印张15　　字数260千字
2015年7月第1版第1次印刷　　定价32.00元

（本书如有印装错误，我社负责调换）

国防书店：(010) 88540777　　发行邮购：(010) 88540776
发行传真：(010) 88540755　　发行业务：(010) 88540717

爸爸不仅是给孩子生命的人，
更应该成为引导孩子享受生命的人，
让孩子成为一个人格健全的人，
爸爸的责任很重大。

　　这本书写完的时候正是周末，难得北京的蓝天正好，我来到离家不远的奥森公园舒展连日来因为写作而僵硬的筋骨。让我很高兴的是看到很多小朋友在公园里运动玩耍，让我更高兴的是，看到不少爸爸在陪伴着孩子。

　　虽说有些爸爸一边眼睛盯着孩子，一边在打电话说着工作上的事儿，有的爸爸一边玩着手机，一边有一搭无一搭的跟孩子聊着天儿，虽说爸爸带孩子不会像母亲那么投入和专注，那么唯一和专心，他们似乎永远有孩子之外的事情要忙，可我还是感到很受鼓舞，毕竟我刚刚在这本《爸爸，我们去哪儿：爸爸的影响力决定孩子一生》的书里，写了那么多不太称职的爸爸。

　　我上一次写给爸爸们的书是在2006年，那本《智慧爸爸用心爱》可能是国内最早的专门写给爸爸的书，提醒爸爸们要掌握一些引导孩子、教育孩子的智慧的家庭教育读物。当时这本书看的人并不太多，因为在当时的环境下，爸爸们的主要责任还在打拼自己的事业，为家庭的小康而努力，要他们重视孩子的教育，有些隔靴搔痒。

　　2013年，我的《智慧爸爸用心爱》更名为《成功爸爸用心爱》经过修订后再版，这一次这本书在几天里登上了亚马逊图书排行榜的第二名，销量出现了质的飞跃，让我蓦然感到，时隔七年，孩子还是孩子，但是爸爸们不一样了。

　　这一年湖南卫视的亲子真人秀节目《爸爸去哪儿》火爆荧屏，那些明星爸爸们和他们的萌娃们，成为了人们茶余饭后的谈资，不仅萌娃们火了，连那些本来有些看着眼生的明星爸爸们，也头一次不是以他们的明星身份而是以爸爸的身份火了起来，有的还重新找到了事业的新起点。

我想我的《成功爸爸用心爱》的热卖应该跟这档节目的成功有直接关系吧。我觉得正是因为这档节目中爸爸们的表现，突然让很多爸爸意识到自己在孩子生活中的存在有多重要。让很多爸爸突然明白，他跟孩子的关系并不只是物质的提供者和供养者那么简单。

这也许就是爸爸们开始成熟的一种表现吧！在我过去的一些问题孩子的咨询中，当谈到爸爸的责任时，真的有太多的爸爸相当坦然，他们认为自己为家庭打拼事业，为孩子提供了很好的物质条件，让他们衣食无忧，他们就已经非常尽职尽责了，至于孩子的教育、孩子的陪伴那是妈妈的事儿，跟他们没有太大关系。

这样的爸爸在几年前很普遍，那些问题孩子的问题家庭里几乎都有这样一位爸爸，那时候要说服这样的爸爸改变观念和做法是一件很困难的事，除非他的孩子和家庭已经到了危机的边缘，否则他不会接受别人的意见。

几年过去，作为一个一直在为改变中国人亲子教育观念和行为在做努力的人，我深刻的感受到中国父母的变化，感受到爸爸们的变化，当然这一代父母更年轻，他们的受教育程度更高，观念更新，当然随之而来的也是他们对孩子的期望值更高，对自己的教育水准也要求更高。

很多爸爸开始意识到自己在孩子的教育中如果缺席，会给孩子带来什么样的后果。更多的爸爸开始意识到，教育孩子的理念需要学习和更新，需要科学和智慧，而不可以仅仅是本能或者靠家传的经验。

与过去的孩子相比，现在的孩子也大不一样了。他们生活在物质富足的时代，诞生在网络时代，从思维到行为都深受网络的影响，再用以前的方式跟他们沟通交流，很可能无法满足他们的精神需求。

从情感上来说，过去的孩子生活在物质匮乏的年代，物质的满足可能是他们更加需要的。而对今天的孩子来说，物质早已不是问题，他们更多需要的是情感的满足，父母更多的关注。

由于孩子的需求变了，想要做一个让孩子喜欢的父母，尤其是受孩子欢迎的爸爸，爸爸们的理念和行为当然要及时作出调整，爸爸不再只是"礼物"和"提款机"。与礼物相比，孩子们可能更加盼望那个经常有假期的爸爸，那个可以和他们在球场上奔跑的爸爸，那个每天在睡前为他们读故事的爸爸，那个知道他的教室，经常可以为了他的问题跑去跟老师沟通的爸爸。

以前这样的爸爸会让人觉得没出息，好像没事情忙的爸爸才会如此关注孩子。现在这样的爸爸让人羡慕，也让人钦佩，这就是社会的进步所带来的文明。当一个社会不再把事业是否成功，是否赚了很多钱，当作评判一个男人是否是人生赢家的唯一标准时，就会出现很多好爸爸，因为大家开始认可这样的价值观，开始觉得懂得为孩子付出时间、为家庭放慢脚步、更关注家人快乐的爸爸，不管他事业如何，他依然是一个成功的男人，至少他是一位成功的爸爸。

我特别赞成这样的观念，这是一个社会给了男人更多选择和自由的标志，也是一个社会更加宽松与包容的结果。因为中国几十年的发展，大家都看都看到了一个现实，我们富裕了，可是我们的孩子更加不快乐了，这种不快乐不是来自生活的压力，而是来自生活对他们成长空间的挤压。

有的家庭为了物质生活，父母常年忙碌，忽略了孩子的存在，有的家庭为了过上更好的日子，爸爸常年在外打拼，缺席了孩子的成长。成长环境的残缺，带来的是孩子们残缺的心灵和各种有问题的行为。很对家庭都是在孩子出了问题以后，才突然注意到孩子的存在，很多父母也是在这个时候才明白，孩子不是一个自然的成长过程，他需要引导，需要教育，更需要父母的陪伴和关注。

好在很多父母都意识到了这个问题，虽然他们可能都付出了一定的代价。我一直说在教育孩子的问题上，只要你觉醒得早，就永远有机会，千万不要等到孩子已成年，你才发现自己的教育方式问题多多，那个时候即使你有再强烈的愿望，想要弥补你的孩子，可能也就已经来不及了。

很多爸爸曾经都有这样的想法，我现在亏欠孩子的将来一定加倍补偿。可事实是亏欠就是亏欠，有的东西无法弥补，你不是总有机会补偿你的孩子，因为他的每一天过去就是过去了，三岁有三岁的心境，十三岁有十三岁的想法，你在他三岁时就没有陪伴过他，我相信到他十三岁时就会不需要你，无论你有多么诚恳的心，多么迫切的心情，多么深沉的爱，孩子不会理解，可能也很难接纳，甚至还会拒绝，爸爸将很难再走进他的内心世界了。

这不是危言耸听，是很多问题孩子个案告诉我们的规律。所以，如果你不想有一天看到的只是孩子的背影，就尽量多花点时间陪伴你的孩子吧，倾听他、接纳他，让他的生命因为爸爸的关注而舒展。

我一直认为爸爸不应该只是那个给孩子生命的人，他更应该成为那个引导孩子享受生命的人，接纳爱，也付出爱，在平衡的爱中成长的孩子，才会人格更健全，心灵更健康，行为更加规范。

就像不想做将军的士兵不是好士兵。我认为不想做一个好爸爸的人也不是一个好男人。好爸爸比做一个好男人有挑战多了，因此如果你喜欢这个挑战，你当然至少是一个很优秀的男人。

我相信有太多的爸爸是第一次拥有自己的孩子，第一次和这个温热的小生命相拥，你的心里一定几多感动、几多喜悦、几多惶恐，你怕自己成为不了一个称职的爸爸，你怕辜负了孩子对你的这份信任，你怕给不了他想要的生活，其实，你真心想多了。

首先你第一次做爸爸，孩子也是第一次做孩子，所以你们需要相互了解，方式就是耐心倾听对方。你会发现他很不完美，和你想象的不一样。他也会发现，你有瑕疵，不是个完美的爸爸，没关系，只要你们相互接纳，相互陪伴，相互把对方看做是自己最亲密的伙伴，你们会一起长大，直到孩子长成了你想要的样子，而你则成为孩子眼中最完美的老爸，这需要时间，有爱的相伴，你会觉得很快。

其次相信我的话，你的孩子要得很少，你不必为自己事业未成而感到羞愧，更不必为无法给孩子锦衣玉食的生活感到遗憾。在孩子的眼里，这些都不重要，重要的他在爸爸心中的位置，如果在爸爸的心里天大地大，而孩子是最重要的存在，那么你的孩子就会很满足，因为人生最大的幸福，是确定他是被爱的，他的健康成长会告诉你事实。

我常说让一个士兵勇敢起来最好方法就是让他去战场，而让一个男人成熟起来的最好的方法，就是让他成为一个爸爸，让一个孩子优秀起来的最佳途径之一，就是让他拥有一个好爸爸。一个不管世界如何变化，始终会让孩子的天空永远蔚蓝的棒棒的爸爸！

爸爸们，加油啊！

2014 年11月30日完稿于北京亚运村

目录

Part 01

爸爸的意志品质
影响孩子的意志品质

一、现在的孩子大多意志力薄弱，很难经受挫折，容易放弃，缺少果断、勇敢的意志

1. 2014开学季，军训惹谁了？

2014年的开学季，本来与以往任何一年的开学季没有什么不同，同样都是新生入学，开始军训，同样都是无数家长从全国各地涌到大学、中学、小学，不管是十八岁的大学生，还是七岁的小学生，一律都在父母难舍难分的目光中眼泪汪汪的走进学校，无精打采的迎接他们一个新的学年，这其中让孩子最没精神、让家长最不放心的可能就是，开学季的军训马上就要开始了。

本来新学年开始之初安排一次军训是许多学校非常好的传统，学生们经过一个假期的休息，无论从精神上还是从行为上都无法一下子回到课堂，集中精力进入学习状态。而且，对许多新生来说，陌生的学校和老师、陌生的同学，他们需要一个课堂之外的环境来接触来了解甚至来合作，尽快熟悉环境、熟悉同学和老师。

最重要的是许多学校的军训非常严肃，几近军事化管理和操作，这在某种程度上也为锻炼学生的意志品质、训练他们的组织性、纪律性和服从规则、听从指挥的品质做出很好的努力。可就是这样本来特别有利孩子开学季身心成长的军训，在2014这个秋天却被妖魔化了，各种围绕军训所起的波澜此起彼伏，几乎抢占了各个媒体的头条。

先是由某地爆出军训教官把学生给打了，后又曝出某地一中学女生因为站姿不良被教官骂了几句，在被家长带回家后竟跳楼自杀身亡。这令人沉痛的消息还没有平息，某地又爆出一初中男孩军训当中猝死，家长围堵校门讨说法不得的事件。一

时间军训怎么了?军训惹谁了? 学校开学季还要不要军训? 等等说法把本来初衷非常好的、对学生的成长也是非常有必要的军训搞得有些标签化、脸谱化。

2. 军训到底有多不招人待见?

许多家长一谈到军训时就一脸不高兴,认为军训就是一件劳民伤财的事儿。而且大热天儿的让孩子吃苦受累,条件艰苦不说还晒得跟铁蛋儿似的,打心眼儿里让爸妈心疼。为此,2014开学季出现了许多家长找校长要求取消学生军训、停止军训,有的家长甚至上书到教育部建议取缔开学季的军训。这边是家长为了让孩子少吃苦,少受累,一再对军训提出投诉,那边孩子们表现得怎么样呢?

因为军训为了磨炼学生们的意志,让孩子们体验艰苦的生活,大都安排在比较偏远的山区乡村,而且伙食比较简单,尽管学校三令五申不允许学生自己带零食,但是从大学生到小学生,大多数孩子都装备精良,各种零食饼干、巧克力、面包塞满了自己的行李。还有不少孩子带足了零花钱,就现在这发达的经济形势下,好像再偏远的山村也处处有小卖部,尽管有纪律规定不允许学生去买零食吃,可孩子们还是各显神通,偷着去也好,派代表请假去也好,反正有许多孩子反映,十几天的军训他们基本是靠吃零食坚持过来的,因为军训食堂的饭实在难以下咽。甚至有一位大一女生告诉我,她是因为食堂的碗洗不干净而不想吃军训的饭,将近三周的时间她是靠吃饼干挺过来的。

3. 军训让我们知道了孩子的身体有多扛不住。

还有的孩子不仅不能忍受军训时的伙食,对军训中的各种体能训练也无法承受。仅仅是早晨的一个站姿训练,便有几十名学生晕倒在地,需要被送到医疗室治疗,有的学生会因此而让老师给父母打电话,要求回家休息,而军训也就此草草结束。有的学生会因此而请假,待在宿舍里玩手机上网,再也不愿意回到队列里。

因此对有的学校来说,军训的缺勤率居高不下,几乎没有一个学生的出勤率是100%。曾经有位老师就说过,2013年北京大学新生军训的病假率是6000人次,而他们开学季的新生也只有3000人,也就是说在这次军训中每个学生都至少请了两次以上的病假。

而我在北京某重点中学采访时也得知，他们初一的一个班，一周军训下来，一个班45名学生只剩下7个孩子还在坚持，而那几十个学生请假的请假，被父母接回家的接回家，一生难得几次的军训半途而废，不知这些孩子和他们的父母是否感到遗憾？

4. 是什么让孩子变得如此脆弱？

2014开学季已经过去了，关于军训的纷争也暂告一段落。尽管在开学季的军训是否还要坚持下去的问题上，校方、家长、学生、还有媒体目前仍各执一词，可是据我所知已经有不少家长是站在力争取消军训这一方的。家长们虽然各有各的说法，但比较统一的看法可能大多都集中在这样的观点上，那就是现在的军训过于艰苦，条件太差。也有的家长认为环境不安全，训练有风险，怕孩子碰伤影响学习。

5. 家长为什么这么误解军训？

有的家长认为我们把孩子送进学校，校方只负责把孩子的学习搞好就可以了，至于孩子是不是有坚强的意志、经得起磨炼的品质这不重要，重要的是孩子的成绩上去了一切就解决了。持这种观点的家长坚决的认为，校方组织学生军训根本没有实际价值，只是一种学校敛财的方式而已。

众说纷纭，2014年开学季的军训总算过去了，这让不管是校方还是家长，甚至是政府都松了一口气，谁也不曾想到已经进行了很多年的开学季军训会在今年的秋天惹起这么大的风波。家长松了口气，孩子总算能踏实的坐进教室学习了，校方松了口气，总算没出太大的乱子就把军训搞完了，否则家长就会让他们吃不消，当地政府也松了口气，军训结束了，孩子们没出什么问题，总算太平了。

这就是军训，一个原本很正常的孩子成长过程中必须承担的一次学习成长，如今却成了太多人的压力，家长有压力，心疼孩子吃苦受累，校方有压力，怕孩子出问题无法跟家长交代，孩子们更有压力，因为他们习惯了衣来伸手，饭来张口，餐餐吃好的，天天零食饮料陪着，军训的日子可能对现在的很多孩子来说都是一场"恶梦"。

6. 是什么让孩子如此扛不住？

是什么让我们的孩子变得如此脆弱？是什么让这些孩子不管是大学生还是小学

生都一样缺乏坚持的品质？又是什么让这些孩子们对磨炼意志如此抵触？又是什么使这些孩子轻易就要放弃？开学季的军训虽然过去了，但却给我们留下太多的思考和担忧。

尽管因为这些孩子中大多是独生子女，但从成长规律上讲，如果教育方法得当，从品质上说，独生子女应该跟多子女家庭的孩子一样，不会有太多不同。可我们现在看到的这一代独生子女，真的跟过去的孩子有天壤之别，娇气、脆弱、不堪一击是很正常的现象。

遇事缺乏意志力，容易逃避，凡事只想坐享其成，甚至胆小怕事，一点儿也不勇敢，这些是更普遍问题。我真的不知道家长们是否在这个过程中看到了孩子身上存在的这些问题，对于一个正在成长的孩子来说，这些品质问题都是硬伤，因为这些问题一旦在他成年以后没有得到解决，那将来就会成为孩子身上很难改变的问题，木已成舟，你再想要去改变他一般来说都是徒劳的。

那位在军训中因为教官几句不客气的批评，便自戕于花季的女生为什么如此脆弱？为什么如此经不起挫折？这一定和她成长过程中的教育有关。也许对她来说，这种意志磨炼的教育是缺失的，而我认为这种教育的缺失最主要来自家庭教育的缺失，父母教育的缺失。

7. 意志品质的教育会给孩子带来什么？

由此来看意志品质的教育，能够经受挫折，坚持而不放弃的品质教育应该是孩子人生最初必不可少的教育，包括遇事果断勇敢的教育。有了这样的品质，孩子才有可能经受住更大的考验，挺过更大的危机，承担更艰巨的责任。

现在许多家长都认为只要学习成绩好孩子的人生就有保障，岂不知这是个巨大的误区。孩子一旦长大就必须独自面对社会，再有能耐的家长也无法牵着孩子的手走一辈子，而且，要想孩子真正长大成人，独立生存，一张一流的成绩单也无法为他承担一切。

8. 无法迎接挑战，孩子又能走多远？

因为世界就像一个巨大的海洋，有涌流也有暗礁，有月下平静的海滩，也有阳光下冲天的巨浪，想在这个世界上有好的生活，孩子必须成为一个好水手，既有驾驭人生之舟的好技能，又有临危不惧、敢于正面迎接挑战的胆量，而胆量来自于什么？不是每个人都有天生的好胆量，胆量实际上就是一种意志品质，一种在各种挑战和磨炼中，造就培养的个性。

有了这种个性的孩子就不会再表现得脆弱、迷茫，甚至无助，就不会离开了父母而寸步难行，孩子会变得勇敢、坚强、不畏惧压力，甚至喜欢压力，因为它给了孩子进步的动力，也给了孩子不一样的人生。孩子会成为一个真正有独立能力的人，一个能够承受各种压力，适应社会，并找到属于自己位置身心健康的人。

9. 意志品质的磨炼比孩子的成绩单更重要。

如果孩子真的拥有了这样一种意志品质，我相信哪怕他的成绩单只是二流甚至三流，我都毫不怀疑他在这个世界上的生存会坏到哪里去，只要他是一个勤奋的人，一个不容易轻言放弃的人，我相信他的成功是迟早的事儿。即便最后可能不像人们想象中那样的成功，但我相信他也是快乐而无憾的，因为他为自己的人生去努力坚持了。

可如果孩子的个性中真的与这种顽强意志无缘，我不知道他的好成绩可以为他带来哪些幸运？因为很容易放弃，又很脆弱，经不起风吹雨打，父母的屋檐下也很难待一辈子，自己没有坚强、勇敢地去争取人生的机会，等年华老去我不知道这孩子还能做些什么？

二、爸爸对孩子的成长过程参与过
少，会影响孩子意志品质的养成

1. 爸爸去哪儿了？

现在的孩子娇气，吃不了苦，遇事不懂得坚持，轻言放弃，甚至脆弱、懦弱，缺乏顽强、坚持、执着的品质，究其深层次原因，我认为很重要的一点就是爸爸在孩子的成长中参与过少，甚至缺乏参与。

为什么都是妈妈在陪伴孩子？这一点大家看看微信朋友圈里那些爱晒娃的妈妈，秀的内容就可以看得很清楚，不管是男孩还是女孩，也不管是周末还是节假日，也不管这孩子是三岁还是九岁，陪孩子带孩子出行的、旅游度假的，大多是妈妈们。就算是在家里陪孩子的也基本是妈妈。

不知是爸爸根本就没时间陪孩子，还是真的他很少陪孩子，以至于让我们想在朋友圈里找到爸爸的镜头，真的不是一件很容易的事，不知道爸爸们都在忙些什么，忙工作？忙赚钱？忙应酬？反正跟妈妈们谈起来，对爸爸的口径一般都是一致的，那就是爸爸忙，爸爸没时间陪孩子，爸爸干大事去了。

跟一些爸爸交流，也能听出他们的苦恼，就是忙得没时间陪孩子，有时候不知不觉孩子就长大了，他们这些做爸爸的有时候不知道孩子怎么就长得这么快。

我常常能从这些爸爸的感叹中听出一种遗憾来，那就是没有陪伴孩子一起成长，成为他们人生中无法弥补的一种痛，但奇怪的是这些感悟通常是来自那些孩子比较大了的家庭，比如孩子要上大学了，要出国留学了，爸爸们好像才刚刚注意到他们的存在，刚刚意识到他们会长大，而且会很快长大的事实。

2. 爸爸们真的没时间陪孩子吗?

是爸爸们真的不在意孩子的成长过程,还是他们就是缺少陪伴孩子、关注孩子的意识? 在和很多爸爸交流以后,在了解了很多中国家庭孩子的教养模式以后,我认为爸爸在很多时候都缺席孩子的成长过程主要还是意识和观念的问题。

因为中国家庭自古以来就有这样一种观念,那就是男主外女主内,好像爸爸们把外面的事情处理好了就算尽职尽责了,至于家里的事主要是归妈妈们打理,包括孩子的教育和引导,甚至是陪伴孩子。在很多爸爸的观念中,这都是母亲的责任,跟他自己没多大关系,尤其是在孩子小的时候,爸爸的这种意识更加突出,基本上孩子的大小事情他从不插手,节假日也多由妈妈陪孩子,即便是一家人出行,爸爸最多也是担任司机与买单的职责,其他的一概由妈妈去安排。

3. 能赚钱的爸爸就是称职的爸爸吗?

还有很多爸爸有这样的意识,那就是他是负责往家赚钱的那个人,只要他能够把家里的经济问题解决了,基本上他就是一个很合格的爸爸。妈妈和孩子就不应该再对他有怨言,甚至不应该对他有别的期望。这样的爸爸在目前的中国家庭里为数不少,这也是中国孩子成长的过程中太少有爸爸参与的重要原因。

孩子的长大成人是一个身心塑造和个性养成的重要过程,他的每一步都离不开父母的影响和关注,中国爸爸在孩子成长中的缺席已经给太多的孩子带来了困扰和问题。有的爸爸会说,"我长大的时候都是和妈妈在一起,爸爸在我的成长中也没起多大的作用。"我想说的是,亲,你是什么年代长大的呀? 那时有互联网吗? 那时有手机吗? 那时的孩子和现在的孩子成长环境一样吗?

4. 事实证明,孩子的成长"拼爹"比"拼妈"更重要。

的确,在以前的多子女家庭,许多爸爸真的是为了一家人的温饱朝夕在外奔波,很少顾及到孩子,可那时的成长环境真心无法跟现在相提并论,尤其是在如今大多数都是独生子女家庭的当下,孩子的成长没有试验期,每个孩子的成长过程都是不可逆的,这就给每位做父母的带来了很大的压力。每一位父母都希望把孩子培养成才，每一位父母都会把孩子的成功看作是自己教育的成功。

所以，一时间培养孩子拼妈的风气席卷许多中国家庭。许多妈妈也在这样的潮流中当仁不让的带孩子各种拼，从带孩子出国见世面，到报各种兴趣班，从孩子的吃穿住行到各种技能的学习，妈妈们拼上时间又拼上精力，更多的时候还得拼上自己的身体，累得筋疲力尽之余她们也在抱怨，爸爸们去哪儿了？

而且很多妈妈也发现了一个事实，那就是孩子的健康成长，尤其是个性的塑造和养成缺了爸爸的参与一定是有问题的。一个孩子的成功不仅仅要拼妈，还要拼爸。而这种拼完全跟社会上流传的那种"拼爹"不可同日而语，社会上的那种拼爹是在拼财富、拼地位、拼权势，种种个案已经证明没有好的个性和品格，这种拼爹毫无意义。

想要孩子成长的顺利，真正成为一个优秀的人，拼爹是必须的。但拼的是教育水平，陪伴的艺术，拼的是爸爸对孩子的品格教育，拼的是爸爸对孩子人格的影响力。只有这样的拼才会拼出好孩子，拼出孩子成功而优秀的人生，拼出家庭幸福美满的未来，这样的拼爹才是最有价值的，也是最有智慧的。

5. "拼妈"很重要，"拼爹"更重要。

孩子的成长中太少与爸爸相伴，爸爸过少关注孩子的变化，对孩子的生活参与过少，不重视对孩子的单独陪伴，甚至不重视家庭里与孩子相处的质量等等，这些都是目前中国孩子心理相对比较脆弱、缺乏坚强与执着的意志力的根本原因。

因为在孩子的人生之初，他能够朝夕相处、密切互动的社会关系只有父母。父母可以说是孩子最初的人生导航者。因为孩子最先掌握的学习方式就是模仿，很多事情在他还不具备判断能力时，他唯一能做的就是看父母怎么做他就会怎么做。我们之所以会看到如今有些男孩动不动就哭鼻子，遇上点事就表现得很脆弱，甚至有些胆小懦弱，感觉不像男孩，就是因为他们长期跟母亲在一起，母亲的女性特质影响了他们的个性养成，使他们的个性变得偏女性化一些。

还有一些女孩心胸比较狭隘，喜欢斤斤计较，遇事爱较真挑剔，个性很让人受不了，这样的女孩也大多是在成长的过程中朝夕与妈妈相处，由于爸爸对她的成长过程参与过少，男人的那种大气与有风度的个性很少影响到她，造成了她个性的缺陷，而这种个性的女孩不管是在生活中还是在职场上通常是不被人接受的。

三、爸爸对孩子意志品质的影响是有关键期的

爸爸们总是觉得自己在孩子的成长中不重要，这是个巨大的误区。不管你家是男孩还是女孩，想要他长成一个个性成熟、心理健康的人，妈妈很重要，爸爸更重要。

我常常说，在孩子的成长中妈妈的教育决定了孩子人生的宽度，妈妈的温柔、善良以及包容会让孩子成为一个善于接纳的人，接纳是一种很优秀的品质，这会使孩子的世界变宽，变得无限大。而爸爸的影响力则决定了孩子能飞多高，也就是孩子人生的高度。

1. 爸爸参与教育会让孩子飞得更高。

我们说孩子的世界宽度很重要，这意味着他可以有多大的生存空间。当然宽度越大孩子的生存就会越愉悦。但是孩子来到这个世界上并不只是为了生存，他需要自我价值的实现，需要追求自我的梦想，需要去看看这个世界的极限在哪儿。他需要飞得更高，这样才能证明他自己是与众不同的，而这样的人生高度一定是在爸爸的影响下去实现的。

因为爸爸的品格和意志力会带给他巨大的影响力，让他成为一个懂得去追寻自己梦想的人。首先爸爸是一个男人，男人天生的征服欲和荣誉感决定了他是喜欢飞得更高的人。其次，所有的爸爸都会在人生之初有属于自己的梦想，他们看世界的角度跟妈妈完全不同，如果孩子的成长有爸爸参与，或者爸爸会更多的陪伴孩子，你会发现孩子的个性与认识世界的眼光会完全不同。

2. 爸爸们，请千万别错过孩子成长的关键期。

像孩子的很多成长都有关键期一样，爸爸在孩子成长中的参与和陪伴也有关键期，这其中最重要的就是孩子的童年期，也就是孩子的幼年时期。我知道在现在的很多中国家庭里，都有这样的误区，认为孩子小的时候无所谓，尤其是很多爸爸这样认为，他们觉得小孩子懂什么，只要给们他吃饱穿暖，别磕着碰着，就一切OK，而孩子的这些需求妈妈们就可以搞定，没他们什么事儿。

还有一些爸爸认为小孩子太麻烦，跟他们说什么也不懂，既缺乏跟孩子相处的耐心，又缺乏陪伴孩子的责任感，认为自己在外面累一天了，带孩子就是妈妈份内的事，所以从不考虑自己在孩子生活中应该扮演的角色。

这样的爸爸实际上无论从观念上还是从行为上讲，都已经过于out！根本不适应现在孩子成长的节奏和需求，需要尽快进行观念的更新与行为的改变，只有这样才会更好的与现在的孩子相处，创造有质量的亲子关系，才能够给孩子带来更加科学的教育和引导。

四、在孩子的人生之初，他的意志品
质的形成取决于爸爸对他的影响力

　　孩子的童年期不仅是他一生中最宝贵的成长期，还是他人生最初的意志品质和个性形成的关键期。这一点早已由大量的孩子成长个案证明。有很多在单亲家庭成长的孩子，尤其是妈妈单独抚养大的孩子，看上去学业优秀，习惯不错，但通常会有意志薄弱、个性脆弱、很难经受打击和挫折的问题。

　　这种个性上的缺陷通常在他长大以后也是无法改变和弥补的，这也是为什么很多单亲家庭的孩子在成年后会遇上各种各样棘手问题的根本原因。

1. 孩子意志品质的培养开始得越早越好。

　　孩子的意志品质一定在他很小的时候就要给他打基础。个性的养成是一个漫长的过程，但孩子的个性是坚强还是软弱，是执着还是容易放弃，是勇敢还是懦弱，这一点在孩子的童年期就要开始培养，而这种意志品质的培养最好的老师就是孩子的爸爸。

　　首先，爸爸应该是在孩子的童年与孩子接触，相处时间最长的那个人，因此他有最充分的条件把自己的男人气质传递给幼小的孩子。其次，爸爸可以通过与孩子深度的相处，与孩子密切的互动，甚至一起完成一些事情与游戏，来影响自己孩子个性的形成。

　　孩子童年期最重要的学习方式就是游戏，因为这时他的思维还不发达，思考能力有限，但他却会理解和模仿大人的行为，他在生活中的许多能力其实就是先通过模仿大人来掌握的。

所以这时候父母的教育很重要的方式不是说什么，而是做什么。尤其是带孩子一起去做很重要。爸爸很多个性上的影响力，可以通过与孩子一起做游戏来潜移默化的影响，做一次比你说一万遍都有效。

2. 和孩子做游戏是引导、观察孩子的好机会。

比如培养孩子勇敢、坚强的品质，爸爸就可以和孩子玩一个"大灰狼和小红帽"角色扮演的游戏，爸爸扮演大灰狼，让孩子扮演机智勇敢的小红帽，通过一些故事情节的表演，来让孩子懂得遇上危险的事情首先要坚强，别动不动就哭鼻子找妈妈，要自己想办法去脱离险境，甚至打败坏蛋。

爸爸在这样的游戏里要注意观察孩子的情绪表现，及时鼓励和强化孩子的勇敢行为，如果孩子表现得很胆小、懦弱，要及时帮助孩子做一些心理疏导，调整孩子的个性特征。虽然有些孩子天生胆小，但是大多数孩子的个性形成是可以受到后天的影响和引导的。所以，父母一定要在孩子的个性培养上有所作为，既不能听之任之，也不能过于忽视与纵容。

胆小、懦弱、缺乏意志品质的孩子，即使别的方面都很优秀，也经不起生活的重大考验，遇上大的挫折往往很难勇敢面对，这样的孩子无论走到哪儿都不会让父母放心。

由于孩子的童年期是他个性与气质类型形成的关键期，这个时候父母的影响是起决定作用的，尤其是爸爸的个性影响，对孩子成年以后气质类型的形成会起到不可替代的作用。

五、明星爸爸们给我们的启示

　　最近热播的真人秀节目《爸爸去哪儿》里，我们可以清晰地看到那些明星的孩子在个性与意志力上，包括气质类型上受爸爸影响的程度。最受欢迎的小帅哥天天，是模特张亮的儿子，因为从小就在爸爸的陪伴下长大，天天的个性开朗大方，解决问题的态度很积极，在每一个困难面前都表现得很勇敢、坚强、无所畏惧。

1. 石头为什么爱掉眼泪?

　　而同样是男孩，郭涛的儿子石头比较娇气，遇上问题容易产生畏难情绪，不喜欢正面面对。有一次在节目中让每位小朋友唱首歌，可石头就是不唱，搞得爸爸下不来台，尴尬之余郭涛把孩子关在了门外，石头落泪，父子俩不欢而散。

　　事后郭涛承认由于自己经常在外拍戏，孩子基本上是跟着妈妈长大的，尤其是在孩子小的时候，他陪伴儿子的时间非常少，一直到这次参加《爸爸去哪儿》的节目，跟儿子待的时间比较长，他才发现六岁的石头，个性比较腼腆，胆子比较小，有点娇气，缺少男子汉的勇气和气质。

　　而另外两个女孩李湘的女儿王诗龄和田亮的女儿森碟气质上也大不相同，由于李湘夫妇特别注意孩子个性的培养，尤其是爸爸王岳伦有时间陪伴女儿，与女儿保持很密切的沟通，四岁的王诗龄活泼大方，很开朗，并且很勇敢，而森碟就比较娇气、爱哭，有些内向，不够勇敢，在节目中一度也哭得让爸爸田亮抓狂。

2.田亮为什么会为女儿抓狂?

　　田亮也承认在生活中他的确与女儿相处的比较少,女儿和妈妈在一起的时间远远超过和爸爸在一起的时间。所以,这次录节目让他突然意识到女儿身上有一些特质是他原来根本没有想到的。《爸爸去哪儿》这个节目不仅让他与女儿有了如此近距离的接触,也让他发现了自己在女儿的成长过程参与过少所带来的问题。

　　作为国内第一档由爸爸和孩子作为主角的真人秀节目,《爸爸去哪儿》大受欢迎,几位明星的孩子也在一夜间成为小明星,人们在看热闹之余也不难从中受到一些教益,那就是在中国的家庭里,爸爸很少参与孩子的教育原来有这么重要。

六、爸爸的意志品质对孩子的
影响是是终生的

我一直认为孩子在六岁之前是他一生当中最重要的气质、个性形成期，包括与人沟通的习惯和生活习惯养成的关键期，在这个关键期的成长如果只有妈妈的参与，缺少了爸爸的配合，孩子的个性和气质类型就会受到严重的影响，甚至可以左右他的一生。

1. 缺少了爸爸的陪伴，孩子会怎样？

男孩子会变得腼腆、羞涩、不爱见生人、比较胆小，对妈妈的依赖感过强；女孩则会变得脆弱、娇气、不爱跟陌生小朋友玩，对男性比较抵触，容易哭，出门爱躲在大人的身后，不够大方和开朗。这些个性的形成都会影响到孩子长大以后的性格和气质，这也是我们所看到的，不少男性艺人都有些忧郁的气质，背后的原因大多是因为他们是单亲母亲带大的。

所以说爸爸在孩子的生命中不是偶然存在的，他一定是肩负着重要的使命，承担着把孩子养育成为健康的人的职责。很多爸爸觉得自己在孩子的生活中并不重要，认为孩子有妈妈的照顾和陪伴就足够了，这就是因为他自己缺乏这方面的认知，没有对自己的职责有一个清晰的了解。

2. 很多爸爸低估了自己在孩子成长中的影响力。

还有很重要的一点是他们低估了自己在孩子成长中的影响力。因为在我们的传统文化中推崇的也一直是母育文化，传统文化中也有类似"子不教父之过"的父育文化，只不过在几千年的文化演变中，爸爸的角色越来越被那个养家糊口的一家之长所代替，在很多爸爸的价值观里都有这样的认知，那就是我可以养你们，给你们提供好的物质生活，我就尽到了爸爸的职责。

应该说在现在的这个社会，这种认知真的已经远远不能满足我们的家庭需要，不能满足孩子成长的需要。现在我们强调爸爸在孩子成中的重要性，正是因为我们看到了很多很少跟爸爸在一起，爸爸对他的成长参与过少的孩子的现状并不是那么尽如人意，他们或许是个性存在问题，或许是品质让人很不满意，甚至有些孩子的为人处世、生活习惯无法被社会接受。这样的孩子一旦过了成长期，进入成年期就很难改变，基本一生的模式也就这样了，最多有些行为上的微调。

3. 爸爸在孩子六岁以前的陪伴和相处非常重要。

所以我一直说孩子六岁之前的教育是成长性教育，是伴随孩子成长非常及时的教育。而孩子六岁之后到十八岁之前则是补救性教育，也就是还来得及的教育，当孩子成年以后，父母跟他只能是交流性引导，而能不能改变他则是很难说的事儿，至少有很多事情你无法从根本上改变他了。

尤其是孩子大了以后容易对爸爸的权威地位产生质疑和挑战，如果是青春期的孩子就更容易与爸爸产生沟通障碍，甚至因为相互不接纳而起冲突。在中国的家庭里最为常见的亲子矛盾就是父子或父女矛盾，许多家有青春期孩子的父母都深有感触，感觉孩子一进入青春期就像变了一个人似的，怎么那么难以让他们接受。

如果爸爸在孩子的成长期很少或者根本没有参与孩子的生活，那么当孩子进入青春期后，他基本上就会把爸爸进入他内心的情感通道给关闭了。这个时候如果爸爸突然意识到陪伴孩子的重要，突然明白自己在孩子成长中的重要性，基本上是比较晚了，不管是你去无条件的接纳孩子，还是孩子无条件的接纳爸爸，可能都会是一件比较困难的事情。

4. 事实证明，并不是爸爸成功孩子一定会成功。

著名的影坛大哥成龙和他的儿子就是这样一个特别典型的例子，他在儿子小的时候基本不怎么过问孩子的大小事情，因为他特别忙，满世界飞，儿子交给妈妈他觉得自己根本不用操心，等到有一天，他突然发觉儿子已经长得和他一样高了，他才猛然意识到孩子长大了，已经成为一个成年人了。

在妈妈的宠爱下，在衣食无忧的环境中长大的成龙大哥的儿子房祖名，在他爸爸看来他身上有不少毛病，并不符合他的期望。因此，他意识到自己在儿子的成长中，的确欠缺了太多爸爸应该承担的教育职责，同样一心望子成龙的成龙大哥开始，不仅在事业拓展上不遗余力的帮助儿子，很多时候他也试图在个性和品质上引导自己的孩子，希望他成为一个更加优秀的男人。

可是很快他就发现自己失败了，由于长期和儿子不在一起生活，尤其是在孩子小的时候很少陪伴儿子，房祖名对他这位赫赫有名的爸爸并不感冒，甚至有些陌生感，可以说他在内心里是不完全接纳爸爸的，虽然爸爸很爱他，但他对爸爸的感情始终是有障碍的，这种情绪直接影响了他的行为，他很少跟爸爸直接沟通，据说他跟爸爸半年都通不了一次电话，有时候一年才有可能吃一次饭，而且是有很多人在场的情况下。

看到自己唯一的儿子这样，成龙大哥心里也不时的会有歉疚感，总觉得这么多年自己为了忙事业忽视了儿子的成长。前不久，房祖名因为吸毒被捕，成龙大哥专门为此向公众道歉，其中也提到了自己教子无方，对孩子的成长没有尽到职责的问题，其内疚之情溢于言表。

5. 孩子的人生需要爸爸的时刻就那么几步。

尽管作为一个男人，成龙大哥在影坛的影响力足以让他成为一个公认的非常优秀的男人，但儿子教育的失败成为他人生中不能承受之痛。相信没有任何事业上的功成名就能替代孩子的健康成长，这个道理对于每一位爸爸来说都很重要。

千万不要等孩子的问题不可逆了，孩子已经拒绝跟你沟通或者很难和你相处的时候才意识到自己爸爸的责任，孩子的成长无法等待，他走的每一步其实都特别需要爸爸的陪伴，他的人生中需要你的就那么几年，你终其一生的时间可以陪着他一起走的，也就是那么紧要的几步，所以，不需要任何借口，成为一位爸爸不仅仅是因为你有了孩子，而更重要的是你在孩子的成长中扮演的角色到不到位。

6. 父子关系冷漠只能怪孩子吗?

还有很多爸爸往往在孩子大了以后发现孩子身上有各种各样的毛病，比如说胆怯、懦弱，比如说娇气、自私、缺乏责任感和担当意识，每当这种时候爸爸都特别想给孩子扳一扳，改造一下孩子，对不起，如果这孩子已成年，或者度过了青春期，他的心理态势和行为习惯早已形成，他不但会拒绝你改造他，还会对你产生抵触情绪，影响你们的父子关系。

7. 孩子的童年真的很需要爸爸。

目前很多中国家庭里，多年的父子成为陌路的场景就是这么来的，实际上爸爸和孩子之间处成了这样，真的不能只怪孩子，在孩子成长最需要爸爸的时候，我们的爸爸常常不在他身边。尤其是在他们的童年，在他们每天起床后都渴望与爸爸说早安的时候，在他们每天的晚餐桌前，他们都渴望与爸爸打个招呼，渴望爸爸问一下他们，今天你过得怎么样? 是不是很开心? 有没有让你感到害怕的事?

可是我们的爸爸却极少会给孩子这样的机会，他们早出晚归，生意很重要，朋友很重要，应酬很重要，可是陪伴孩子，看着孩子是如何长大的机会就这么悄悄地溜走了，再也找不回来了。所以，当你发现孩子突然长大了的时候，基本上你也就要失去他了，至少情感上是这样的。

想要有良好的父子关系，爸爸必须成为一个有担当的爸爸，把陪伴孩子、与孩子一起成长看做是人生中更加重要的事业。尤其是要在个性的形成和意志力的养成上，给孩子足够的影响力，让男孩长成爸爸一样勇敢、坚强的男子汉，让女孩拥有爸爸那样开阔的胸襟、豁达的个性、顽强的意志，这些都是孩子人生中最不可缺少的财富，真比你给孩子留下的物质财富要珍贵得多，有价值得多。

8. 经常与孩子单独相处的爸爸会给孩子高质量的影响力。

爸爸的意志品质对孩子的影响，是决定孩子一生最重要的品质之一，他来自于爸爸对孩子生活的参与，对孩子成长过程的引导和教育，这种引导和教育并不仅仅来自于说教，它更重在身教，也就是爸爸怎么做比他怎么说更有影响力。

这就需要爸爸多陪伴孩子，尤其是在孩子的童年期，多给孩子一些与爸爸相处的时间，甚至是单独相处的时间，多带孩子一起出行，因为旅行中可能遇上的问题会更多，这种时候爸爸面对问题的冷静、坚持、顽强的品质都会给孩子带来深刻的印象，不仅从心理上，还会从行为上给孩子真正的影响。

9. 有坚强勇敢品质的孩子会创造奇迹。

汉克是一位九岁的加拿大男孩，2013冬季他成为了一个将母亲解救于危难之境的小英雄，那天他和妈妈去机场接出差的爸爸回家，结果妈妈在高速路上因为大雪撞到了护栏上昏了过去，汉克受了一点轻伤，他知道因为暴风雪高速路非常难走，来往的车辆很少，他不能等着别人来救他和妈妈。

汉克独自下了车，顺着高速路在暴风雪里步行了九公里，才找到一位热心的司机，帮他把妈妈送到了医院抢救，由于抢救及时，汉克的妈妈得救了，当人们知道这个只有九岁的小男孩临危不惧，竟独自勇敢的去找人求助时都觉得他很了不起。

10. 汉克的勇敢从哪里来？

后来在当地的电视台采访这个靠勇敢和机智救了妈妈的小男孩时，他和爸爸一起接受了采访，汉克说他的勇敢实际上来自爸爸从小对他的锻炼。他五岁的时候爸爸就会在雪地里带他上山打猎，有时候一天都不会碰上什么猎物，但爸爸告诉他想要做成一件事，不仅要学会坚持，更要勇敢、顽强，这样才不会一事无成。

就这样汉克从小就看到了爸爸的坚持与顽强，所以当他遇到困难的时候，他没有想到恐惧与退缩，有的只是坚持与顽强，他说在妈妈昏迷以后，他想的都是无论如何也要想办法把妈妈从车里救出来，根本就来不及感到害怕和恐慌。

11. 有勇敢的男孩才会有勇敢的男人。

小汉克的故事打动了许多人，在他的背后我们看到了爸爸的影响力已经在这个孩子身上开花结果。我们有理由相信，这个男孩长大后，一定也是一位出色的男子汉，作为他的父母还有什么比看到孩子拥有勇敢、顽强、不畏惧任何困境、敢于面对任何挑战的意志品质更感到开心的事呢？

Part 02

爸爸的人格
影响孩子的人格

一、爸爸的人格决定了孩子的人格走向，爸爸拥有健全的人格才会造就健康的孩子

1. 爸爸的人格决定了孩子的什么？

人格实际上就是一个人的气质和性格，也是一个人有别于另一个人的心理特质，它影响着一个人一生的情感、思想和行为，它不仅具有独特性，还具有相当的稳定性。也就是说某种人格特征一旦形成是很难改变的。

从这个角度来说，一个人好的人格特质会给他带来好的人生，而不好的人格特质，则很难让他有好的人生，因为人格的社会性是一个人生存最重要的特质。

2. 人格的形成后天的影响更重要。

为什么说爸爸的人格走向会决定孩子的人格走向呢？这其实是一个基因问题，因为人格跟孩子的潜质有直接关系，还有一个就是后天影响的问题，在很多心理学家和社会学家看来，他们普遍认为一个人的人格形成，后天的影响其实起着更加巨大的作用。

而这个后天的影响则主要来自家庭，也就是孩子父母人格的影响，这其中又以爸爸的影响最为突出，几乎起到决定性影响。

很多家庭教育个案都告诉我们，母亲对孩子的影响主要突出在品行与生活习惯上，而爸爸则集中在人格和气质上对孩子的影响巨大。

这一是因为在基因中爸爸的遗传更强大一些，二是因为爸爸的人格影响力有巨大的能量，足以左右孩子人格与气质的形成。

3. 孩子的人格问题常常来自于爸爸的影响。

我在家庭问题个案的咨询中，经常会遇到问题很严重的孩子，他们或者是心理有问题，或者出现了比较严重的人格障碍。刚开始父母来咨询的时候只是谈孩子的问题，但随着咨询的深入，当我们来剖析父母在家庭教育里的行为时，就会出现这样的问题，孩子的爸爸常常会有这样那样的人格偏差，以致使孩子受到了严重的影响，甚至也出现了人格与行为上的偏差。

这样的因素是许多家庭孩子教育失败最直接的原因。因此爸爸的人格健康对孩子的成长来说是至关重要的一件事。人格健康的爸爸会积极向上、阳光开朗、心胸开阔、为人处世成熟稳健，是值得别人信赖的人。

而有人格障碍的爸爸首先会和孩子相处困难，其次，很难为社会所接纳。由于人格有问题，他的行为也会处处与别人格格不入，不仅事业上很难找到机会，就是在生活里也会很难找到快乐，这样的爸爸很难成为一个受人欢迎与尊重的人，也很难给他的家庭带来温馨的生活与荣誉感。

4. 人格不健全会影响孩子的终生。

爸爸的人格障碍对孩子的影响是致命的。有些孩子在进入成年以后，性格上有问题，行为上有偏差，他自己很苦恼，寻求帮助，坐下来一聊，很快发现他爸爸就是一位性格和气质都有问题的人，甚至有时他们连思维方式都很像。

你会发现性格内向、行为消极的爸爸，他的孩子也会是一个消极的人。而性格暴躁、行为冲动、爱惹事儿的爸爸，他的孩子也是一点就着、啥都不吝的个性。

爸爸的人格特质传递给孩子，会给孩子带来麻烦的未来，使孩子的人生充满风险。现在社会对人的要求越来越高，据我所知，大多数孩子在走向工作岗位时都会被要求做专业的人格测试，然而，遗憾的是，有不少学业、成绩都不错的孩子在关键的时候，被有问题的人格特质挡在了门外，与自己心仪的工作岗位擦肩而过。

5. 中国孩子很多是输在了人格上。

我一直说，中国的许多孩子没有输在起跑线上，却在成年以后输在了人格上。这就是因为在中国的家庭里，大多数父母没有意识到给孩子一个健康的人格有多重要。因而很多父母都认为只有孩子成绩好，能够考上好大学，拿到高学历就可以参与社会竞争，这其实真的是一种过于简单的看法。

随着社会分工的细化，市场竞争会越来越激烈，也就是有好的人格特质的人会越来越受欢迎，而有人格障碍甚至是有人格缺陷的人，无论你专业多么优秀，也会因为无法与人合作和相处被社会淘汰。

6. 药家鑫为什么会处事极端？

这样的个案在我们身边已经不是个例。2010年西安音乐学院大学生药家鑫在开车把人撞伤后，不但不积极救治，反而用随身携带的尖刀捅了受害人八刀，最终致人死亡，其理由却是怕受害人难缠，找他父母的麻烦。

即将大学毕业的药家鑫弹的一手好钢琴，不可谓没有才华，可他为什么在闯了祸的时候，用如此极端的手段来解决问题？这就要追溯到他的爸爸身上，事后在大量媒体对药家鑫的爸爸采访以后，人们不难梳理出药家鑫的成长轨迹。

由于望子成龙心切，药家鑫的爸爸从小就对儿子非常严格，经常打骂体罚，有时候手段相当极端。药家鑫自己曾经在法庭上陈述，小时候他成绩不好、贪玩儿，他爸爸就罚他在地下室待了整整一个星期，这期间除了吃饭可以回到家里，其余时间他都必须在地下室待着不许上来。

药家鑫说，到现在他回想起那段时间的经历都心有余悸，因为又黑又冷，潮湿阴暗的地下室给了他噩梦一样的感觉，所以他从此就很害怕爸爸，不喜欢爸爸。

让还是孩子的药家鑫在阴暗潮湿的地下室一待就是一个星期，这样极端的行为显示了药家鑫爸爸那极端的性格和行为习惯，也非常容易就解释了为什么药家鑫为人处世如此极端。不过是一桩普通的交通事故，他却非要用刀结束受害人的生命，把它演变成了一起耸人听闻的谋杀案，害了那位无辜的母亲，也葬送了自己年轻的生命和大好的前程。

这实际上不仅是一个家庭教育失败的个案，在我看来更是一个典型的爸爸极端人格影响到孩子，使孩子的人格和行为都出现严重偏差的个案。

7. 爸爸的人格瑕疵会成为孩子人格的致命弱点。

因此我们看到，爸爸的人格在某种程度上就是孩子人格的路线图。人们常说有其父必有其子，大概就是看到了这种因果效应，爸爸对于孩子来说是一种独特的存在，他对孩子的人格养成有一种特别的力量，因此人格健全的爸爸才能造就人格健康的孩子，这是毋庸置疑的规律。

从这个意义上来说，如果爸爸发现自己人格上有一定的问题和瑕疵，一定要学会积极调整，甚至是改善，不能觉得无所谓，对孩子的成长不会形成重大影响。人格的影响都是潜移默化的，有时候很多不好的东西你可能都没发现，但到了关键时刻它就会显现出来，给你当头一棒，让你惊讶你的孩子怎么会是这样的！

这就是人格的特点，平时不显山不露水，但却在紧要关头决定你的命运，所以哲学家们早就说过，性格决定命运。

二、偏执型人格、反社会型人格、焦虑型人格、抑郁型人格、依赖型人格的爸爸是人格有缺陷的爸爸，需要积极调整、改善，否则会造成孩子的人格不健全，甚至人格也像爸爸一样有缺陷

（一）偏执型人格

这种人格倾向的爸爸大多有固执、敏感多疑、心胸狭窄、嫉妒心强、自视甚高、不容易接受别人的批评，而犯错后通常会把错误推给别人，缺乏幽默感。

这样爸爸其实在我们的生活中经常见到，对人格特质缺乏了解的人往往以为他就是脾气不太好而已，但仔细观察你不难发现，他这一定不仅仅是脾气的问题，如果他在为人处事中通常都是这样一种节奏，那一定是人格有偏差。

偏执型人格倾向的爸爸在生活中最突出的表现就是与人很难和谐相处，是生活和事业都很难与人合作愉快的人。因为非常固执，他通常只接受自己的意见，对别人的建议轻则置若罔闻，重则非常抵触甚至反感，导致无人愿与他共事。这种人格类型的爸爸往往很孤独，因为他很难交到朋友，或者即便有朋友也很难留得住，最重要的是这种人格的爸爸大多不认为他的人格有问题，他通常会认为问题都出在别人身上，而他是完美的，这就给他的改变或改善带来了很大的困难。

1.15岁的他为什么没有朋友？

小康是一个15岁的男孩，他是由妈妈带到我这儿来做心理咨询的，而妈妈反映这孩子最大的问题就是固执、敏感、不允许任何人指出他的错误。为此他在学校跟老师的关系特别紧张，跟同学们也屡屡闹意见。因为他经常说同学坏话，觉得这个也不行那个也不如他，所有同学都不喜欢他，都尽量对他敬而远之，这让他在班级

里很孤立，因此他开始逃学去网吧消磨时间。

本来他成绩还不错，可因为人际关系太差，他自己都不愿意再继续读下去了，妈妈带他来咨询的时候，他已经辍学一年多了。看着孩子无助的眼神，我开始了解他的成长经历。

他的妈妈是一位公交车司机，每天几乎都是天不亮就要上班，天黑了才能回家，他的爸爸是一位货车司机，每天送完货就回家，因此孩子小的时候爸爸照顾的更多一些。

但据小康的妈妈说，孩子的爸爸原来在邮局有一份非常稳定的工作，可就是因为很难与人相处，经常和单位的人因为工作起冲突，而且每次他都认为是别人的错，是同事故意跟他过不去，时间久了他在单位人缘很差，一次偶然的机会他就被下岗了。

小康的爸爸开始还很气愤，认为是别人整他，在到处投诉无果后他愤而辞了职，到别的单位应聘成为一名货车司机。这个工作比较独立，而且跟同事打交道也少，他倒是挺喜欢，可就是这样也换了几家公司，有点朝不保夕的感觉。

因为受到了挫折，小康的爸爸在家里脾气也变得很坏，固执得要命，他认准的事儿就必须照办，否则他就会大发雷霆，搅得全家不得安宁。小康妈妈认为儿子的个性变成这样，跟他爸爸的影响有直接关系，尤其是孩子在小的时候大部分时间都跟爸爸在一起，爸爸的言行、处事方式方法都对孩子产生了很大的影响。

这一点在我跟小康的交谈中得到了证实。这个15岁的男孩告诉我，他最崇拜的人就是爸爸，因为爸爸总是跟他说他是世界上最正确的男人，从来不会犯错，所有的问题都是别人嫉妒他所以才来为难他的，小康认为同学们不喜欢他、挤兑他，也是因为嫉妒他，怕他超过他们，才那么不容他，总是跟老师说他的坏话，导致老师对他的印象也不好，不喜欢他。

看着这个少年如此认真地说这番话，我暗暗感叹人的个性真是很可怕，它一旦形成就会成为很自然的东西，在不知不觉中左右你的为人处事，包括你看世界的角度和立场，使你病入膏肓却不自知。

我给小康指出了他个性上的问题，提了一些让他回去反思的建议，由于他还未成年，我对他个性上的一些调整和改变抱有很大希望。孩子的个性改善有时教育和引导很重要，只要问题发现的比较早，调整及时，预后效果都还比较不错。

我建议小康妈妈带小康爸爸来做一些心理干预，因为他的偏执型人格特质十分明显，不仅严重影响了他的工作和生活质量，影响了他的夫妻关系，还非常明显的影响到了孩子的个性形成。他的儿子才14岁就已经因为严重的人际关系不良而辍学，如果爸爸不及时调整自己的个性，他对孩子个性养成的负面影响是显而易见的。

2. 偏执的孩子比偏执的爸爸更可怕。

偏执型人格特质的爸爸如果不及时调整，不仅会给孩子带来个性上的影响，还会在与孩子的相处上给孩子带来痛苦。因为这种人格的爸爸通常比较专制，不善于孩子沟通，很多问题只会通过指挥与命令的方式要求孩子服从，而且他一向认为自己正确，容不下任何别的意见。这种与孩子相处的方式只会带来两个结果，一个是造就绝对服从的孩子，这样的孩子缺乏思考力，你怎么说他就怎么干，遇事不会考虑后果，那些年龄不大却经常出问题的孩子中，这样的孩子占大多数。

一个是造就喜欢叛逆、反抗的孩子，这样的孩子对爸爸的专制深恶痛绝，年龄小的时候他无力反抗只有逆来顺受，一旦到他有了反抗能力的年龄，比如进入青春期，或者成年期，他会毫不犹豫的释放自己长期受爸爸专制压抑的负面能量，不仅叛逆，还会特别抵触权威，谁是他的上级他就会反抗谁。

这样人格特质的孩子进入职场是一个很大的麻烦，他可能很有才华，却会因为无法服从和合作而失去所有的机会。人际关系不良，身心不适应症，持久的苦闷，无法得到可靠的友谊等问题会一直困扰着他。

的确，生活中谁也不愿意和一个有偏执人格倾向的人做朋友，哪一位父母也不愿意自己的孩子在这个世界上交不到朋友，成为一个孤独终老的人，我相信这将会是父母心中永远的痛。

我还是希望具有偏执型人格倾向的爸爸一定要懂得调整与改善自己的人格特质，至少通过下列方法做一些改善：

①认知法

对自己偏执型的人格特质有一些专业的了解，如果你一直在生活中感觉不顺利，缺少朋友，或很难与人相处，哪怕同事之间也缺少友谊，关键是你没有觉得这是自己有问题，并且你还觉得自己很完美，有问题的是别人，我相信你是具有很明显的偏执型人格倾向，你真的需要做一些改变。

②通融法

偏执型人格倾向最突出的特征就是固执己见，凡事坚持自己的看法，必须按自己的想法来，否则就无法进行。所以使自己的个性变得通融一些，遇事尽量考虑大局，多站在对方的立场上考虑问题，放弃自己的固执虽然很难，尤其是对有这种偏执型人格倾向的人来说，可是如果你的放弃会让你得到很多机会，会更受人们的欢迎，使你的生活更顺利，你何乐而不为呢？

③调整法

想要调整自己的个性，你必须先从学会看到别人的优点做起。懂得欣赏别人，肯定别人，然后与人配合，这可能是你得到别人接纳很重要的途径，偏执型人格倾向的爸爸常常认为自己是最优秀的那个，因而无法接纳别人，也无法被别人接纳，这是他无法融入社会最致命的问题，特别需要调整。

④信任法

偏执型人格倾向爸爸因为多疑、心胸比较狭隘，因而很难信任别人，无法找到让自己信任的人，这是会使人很痛苦的事。想要得到别人的信任，首先要学会给予别人信任，作为一位爸爸心胸狭隘是一件非常可怕的事情，有时间多去大自然走走，看看高山，看看大海，尝试把心胸放宽广，这样很多新鲜的空气才可以进来，有了新鲜的空气，你才会觉得很舒服，很敞亮，才会真正把心胸打开。

⑤客观法

偏执型人格倾向的爸爸大多不能客观地评价自己，尤其不能做自我批评，而对别人的批评也非常抵触，对挫折和失败也非常敏感，常会在遇到一些挫折后就一蹶不振。这对孩子来说是很不好的影响，这样的爸爸一定要尽快调整自己的个性，首先要学会客观地评价自己，其次要学会尽量接受别人的意见，学会在别人的建议中提升自己。对挫折和失败要用平常心来看待，实际上能接受失败的人才会有成功的机会。

⑥专业法

对于偏执型人格倾向的爸爸来说，认知很重要，很多有这样人格的爸爸一直没有改变，哪怕已经给孩子造成了非常明显的不可逆的影响，他们也不想改善自己，这主要是他们并没有意识到自己人格倾向的问题有多严重，这种认知一般要通过较为专业的途径来获得。我相信任何为人父的人，都希望给他的孩子带来好的、有意义的影响，所以对这样的爸爸来说，获得对自己个性的正确认知和尽快做出改变同样重要。

（二）反社会型人格

反社会型人格倾向的爸爸最大的特质就是攻击性强，对任何事情都缺乏歉疚之心和羞愧感，为人处事风格冲动，不能从以往的经历中吸取经验教训，行为具有偶然性，对什么都看不惯，无法与社会人和谐相处，是一种使让工作和生活都很不顺利的人格类型。

1.反社会人格的父子三人让孩子母亲很崩溃。

我曾经就接受过这样一位妈妈的咨询，她是为了两个儿子的问题来咨询的。当时她的两个孩子一个17岁，刚刚结束三年的劳动教养，在家待着；一个15岁，初中没读完就因为打架被学校开除，也在家待着。

当我问到孩子的爸爸时，这位妈妈开始流眼泪，她说孩子的爸爸因为性格不好，爱跟人吵架，本来受了不错的教育，是一位工程师，可因为他跟同事与领导都无法相处，谁也不愿意跟他合作，领导只得把他调去传达室看大门，他一气之下就辞职了。

后来也出去到社会上应聘过，可他谁都看不惯，老跟人吵架，不是把人家给打了，就是他被别人打了，后来没办法，索性不再出去工作了，可是即便在家里待着，他也不消停，两个孩子他一个也看不上，经常打骂，然后看电视就骂电视，看报纸就骂报纸，没有一件让他满意的事情。

最糟糕的是他的两个儿子，大儿子上初中时就爱打架，后来把一位同学的耳朵给打聋了，伤人致残，被判了三年的劳动教养。小儿子也是一个愣头青，攻击性特别强，与同学相处得很差，后来也是因为老在学校里打架被学校开除了。

最让这位妈妈受不了的是，现在父子三人每天在家里，不是咒骂社会就是咒骂身边的人，邻居朋友没有一个好人，电视里演新闻就骂新闻，演电视剧就骂电视剧，那种仇恨社会的状态让这位妈妈特别受不了。

现在这位妈妈最担心的就是两个儿子，他们小小年纪就已经如此与社会对立，将来如何才能走向社会去谋生。她也曾劝过孩子的爸爸要注意自己的言行，别对两个孩子产生太多的负面影响，可是爸爸根本认识不到他的问题，反而责怪是母亲没有教育好自己的孩子，把两个孩子失败经历的责任全推到妈妈身上。

2. 这样人格的爸爸最终会毁了自己的孩子。

像这位爸爸他其实已经是特别典型的反社会人格倾向，首先他的攻击性很强，不但跟谁都合不来，重要的是他跟谁都会发生冲突，人格极为不成熟。其次，他严重的社会适应不良，几乎在社会上无法立足，最后只能长期待在家里。

最可怕的是他的两个孩子，也因为受他的人格特征影响，年龄不大却也严重的社会适应不良，因为强烈的攻击性在学校里无法与人和谐相处，甚至到触犯法律的境地，这两个孩子的人格特质如果不及时进行矫治，将来他们会面临和他爸爸一样的处境，那就无法走上社会，成为一个人格健全的社会人。

反社会人格倾向最大的危害就在于他是与社会为敌，有这样人格的人终生都无法接纳社会，社会也始终无法接纳他。有一个调查显示，在犯罪人群中，有相当一部分人具有持久性的反社会人格倾向，这也是这些罪犯轻而易举就犯下令人发指的重大罪责的根本原因。

即便是最终没有走向触犯法律的深渊，这样的人如果不及时调整、改善，他的人生也终将是死路一条的。因为一个人长大成人后最重要的功能就是，成为一个社会人，在社会上找到可以谋生的职业，找到配偶，成立家庭，养育儿女，为社会尽责任，为家庭负责。可当一个人无法在社会上找到自己的位置，无法生存下来，并且无法获得别人的尊重与认可的时候，他又如何成为一个健康的人呢？

尤其是当这个人成为一个爸爸时，他的这种人格特质就更加可怕，他会影响到自己的孩子，使他们也变成和爸爸一样的人。这是规律，而不是我在危言耸听。

3. 在犯罪的青少年中反社会倾向人格的占大多数。

在犯罪的青少年中，具有反社会人格倾向的孩子占大多数，他们当中很多都有一个攻击性特别强、暴力倾向严重、在社会上无法立足的爸爸，甚至有的少年犯的爸爸本身就是罪犯。所以，过去有人说过这样的话，法官的儿子会是法官，罪犯的儿子还是罪犯。从心理学的角度来看，这还是有一定道理的，虽然并不绝对，但是调查显示，爸爸是罪犯的家庭，孩子也涉足犯罪的几率绝对要高过普通家庭。

而在所有的犯罪人群里，拥有反社会人格的人是几率最高的危险人群。所以，不仅仅是为了孩子，就是为了自己的生活和生存，这样的爸爸也得积极学会改变与改善，否则，你自己痛苦，你身边的人会更加痛苦。

反社会人格特质的人最主要的问题就在于攻击性强，容易与他人对抗，因此它又被称为对抗型人格。因为缺乏对社会的好感和同情心，因此，它常常会突破社会道德的约束，并且长期与社会对抗却缺乏悔改之心。这样人格的爸爸对孩子来说就是人生杀手，如果孩子长期在这样爸爸身边，长大以后他可能也很难融入社会。

如果发现自己的人格特质存在这样的问题，作为一个爸爸，一定不要拒绝改变，爸爸对于孩子来说就是他人生的样板，不管你在不在意，他都会受你的影响，甚至成为你并不想看到的那个人，这就是命运。

可是我们常说命运是属于那些敢于改变命运的人，如果你是拥有这样人格的爸爸，请你一定不要忌讳就医。放弃改变自己的机会，就等于在放弃你的孩子，你希望你的孩子和你一样是一个很难有好的未来的人吗？我相信，你一定不愿意。

那么从现在开始，让我们来试一些方法，虽然改变起来很难，但通过一些努力，改善一些还是非常有可能的，只要你有这个愿望，只有改变你才可能体验到更多幸福的人生，你的孩子才可能会拥有更好的未来。

反社会人格倾向的爸爸想要改善可以试一试以下方法：

①后果法

先从改善自己冲动型个性入手，攻击性强的人遇事往往不会考虑后果。脑子一热就冲上去了，很多不可控的突发事件就是这样发生的。因此，想要不再发生此类事件，一定要先从自己的行为控制入手，遇事后先考虑后果，再做决定。有些事一且你对它的后果考虑得比较清楚，行为的控制也就会理性一些，这样就会避免发生后果严重的行为。

②调整法

调整对社会的认知，改变与社会的对立态度，这个社会没你想的那么好，但真的也没你想的那么糟。与社会来一次和解，尽量别总是站在社会的对立面看问题。社会是一台庞杂的机器，以你个人的力量永远无法对抗，只是白白耽误了你的人生，也许还有你孩子的人生。总是看不惯社会的人实际上是人格极为不成熟的人，所以调整自己对社会的看法，是你让自己尽快成熟起来的重要途径。

③转移法

这个方法对缓解反社会情绪非常有效，如果你真的遇上让你很难控制自己的问题，尽快离开现场，脱离那个让你容易情绪失控的环境，不管到哪去，只要暂时离开就好。因为人的情绪有时候只是瞬间的感觉，而且受现场气氛的影响很大，如果你在要爆发的前夕，离开那个让你感觉无法忍受的环境，哪怕只有几分钟，你的情绪也会马上得到缓解，然后你可以渐渐平复。转移法非常适合那些很难控制自己行为的人，只要你懂得让自己在关键时刻离开那么一小会儿，我相信会避免很多不必要的麻烦，甚至是灾难。

④解脱法

反社会人格倾向的人有时候很较真儿，他倒不一定是坏人，只是他的人格特质让他变得有些麻烦，所以想有所改善，一定要学会解脱自己，不要活得太较真，跟所有的人和事都较劲儿，这样其实活得也很累。我特别建议你去看看宗教类的书，或者去寻找一个能让自己身心平静下来的信仰，学会从纷乱、不如意的现实生活中解脱，是一个特别直接的改变方法。

⑤专业法

与其他人格类型相比，反社会型人格倾向的确是比较麻烦的一种人格特质，有时候仅凭个人力量是比较难调整，所以特别建议你去寻求一些专业的帮助。比如找可靠的机构做一些专业的心理调整和行为训练，只要有改变的愿望，如果不是器质性病态人格，一般都会有改善的空间，你需要的就是坚持。

⑥重视法

反社会型人格倾向真的是一种特别不利于愉快生存的个性，尤其是对于一个爸爸来说，爱冲动，轻易就突破法律和道德的约束，无法与人相处，轻则很难融入社会，重则被社会淘汰，这是一种极为危害人生活的人格倾向，请你一定要重视，如果发现自己有这样的人格倾向，请尽快学会改变，这不仅关系到你自己的幸福，更重要的是会决定你的孩子未来的品质。

（三）焦虑型人格

焦虑型人格倾向的爸爸一般表现大多是对孩子未来的担忧。多是对孩子成长中的不确定性的担忧，这种人格倾向的爸爸现在很普遍，有的爸爸几乎是在妻子一怀孕就开始焦虑了。

1. 焦虑的准爸爸几近崩溃是为何？

前不久有一位爸爸找我咨询，说他的妻子已经怀孕八个月了，可是他特别不想要这个孩子，因为他担心生出的孩子不健康。我问他有什么特殊的原因吗？他说也没有，就是担心。

为此他已经开始夜夜失眠，并且情绪烦躁，尤其看到妻子给未出生的孩子准备衣物时，他就非常恐惧，总觉得这个孩子可能会残疾，也可能会难产，他把这种想法跟妻子说了，却让妻子特别伤心，把他大骂了一通。

可尽管这样他也还是担心，每天工作的时候想的都是这事儿，已经出了好几次错了，他自己也不想这样，可就是控制不住自己，实在无法摆脱这样的焦虑，他只好来寻求心理帮助了。

我问他是不是在别的事情上也是这样没来由的担忧、紧张、甚至恐慌，总怕会发生自己应付不了的事情，对所有的亲人都担心，工作时也总担心自己干不好，怀疑自己的能力，又不知道如何改变，有时候有种无能无力的感觉，容易陷入绝望的情绪，并为此而烦躁不安。

他承认自己的确不仅是因为妻子快生了情绪才变成这样，一直以来他都惶惶不安，为一切事而担心，实际上他也知道不必要，但就是无法控制自己。

其实像这位准爸爸就是典型的焦虑型人格倾向，这种人格倾向的特征就是整天没来由的担心，担心的事有时候也根本没有什么具体目标，可他就是担心、紧张、忧虑得不能自拔，因此导致心境恶劣，情绪烦躁，有时候直接导致工作效率下降。

2.焦虑孩子未来的爸爸让孩子也变得很焦虑。

还有一位爸爸他的儿子才13岁，可他已经因为孩子将来进不了好的中学而夜夜失眠，为此他花了不少钱给孩子报各种培训班，本来他在单位的业绩不错，有望升职，可为了带孩子进行补课学习，他放弃了升职的机会，几乎把业余时间都放在了抓孩子学习上。

可尽管这样孩子的学习成绩仍不出色。前不久又在一次名校小升初的面试中失利，这位爸爸的担忧从情绪上升到了行为，每天孩子一回家如果没直接去学习，他就会非常愤怒。一方面他会跟孩子的妈妈吵，嫌她不管孩子学习，一方面他会抱怨孩子，甚至打骂孩子，对孩子未来的担心远远超过他对孩子当下处境的考虑。

他情绪的持续焦虑让他的家庭变成了战场，夫妻之间为了孩子的事儿大吵一三五，小吵二六九，他怪妻子和孩子不理解他的担忧，妻子和孩子却特别反感他的态度，尤其是孩子，本来成绩还不错，对学习还有兴趣，可在爸爸的焦虑情绪影响下，孩子也变得敏感而退缩，特别害怕考试，一到考试的时候他就特别担心，甚至不想去学校，找各种借口逃避。

老师问孩子为什么那么害怕考试？孩子说担心考不好让爸爸失望，觉得自己肯定考不好，而且认为自己将来不会有什么出息，连个好一点的中学都进不了，考大学就更不可能了，他觉得爸爸对他很失望，这让他觉得所有的努力都是没用的，所以他根本就无法安心学习，只是一天到晚担心自己将来考不上好大学怎么办？

可以看到这位焦虑的爸爸已经完全把他的孩子，一个只有13岁的孩子变成了和他一样的，为那些完全不可控的事情担忧的人，让他早早地就失去了一个孩子的快乐，早早地就开始为那些不该是他这个年纪考虑的事情而担忧。

关键是这些毫无用处的担忧和焦虑对他的现实生活并无实质性帮助，只会让孩子在这样的情绪泥潭中越陷越深，并且为此失去努力和上进的勇气。

3. 焦虑型的爸爸会把生活搞得一团糟。

实际上在我们的生活中像这样焦虑的爸爸不在少数，他们表面上看是一位特负责任，特替孩子和家庭着想的爸爸。其实像他们这样总在为一些不着边际的事情担忧，总觉得未来发生的事情是不可控的，并为此惶惶不安的心理状态是一种典型的病态人格表现。

这种表现并不正常，它在很多时候破坏了生活原有的秩序和稳定感，给孩子和家庭都会带来很大的伤害。有时候人焦虑的情绪会像一种瘟疫，它会传染给身边的每个人，对于人格健康的人来说，他可能是一过性的，很快就会过去，可对那些人格有缺陷的人来说，这就是情绪危机的开始，很多匪夷所思的行为往往就是这种情绪的直接表现。

像那位焦虑的爸爸对孩子的指责、打骂，与妻子的争吵，都是因为他的焦虑型人格倾向驱使，当这种焦虑情绪已经让他自己无力承担的时候，他需要用焦虑性行为来释放，于是他就会对家人和孩子提更多的要求，如果他们达不到，他会为此更加焦虑，更加不能自拔。

严重的焦虑性情绪会影响到生活，比如他会失眠、食欲降低、易激惹，很容易为一点微不足道的小事儿就冲动发脾气。这样的爸爸很难与孩子有质量好的相处，一方面他会因为对孩子莫名的焦虑，要求孩子对他绝对的服从。另一方面孩子会对他的专制非常反感，大一点的孩子会很叛逆。

所以焦虑型人格的爸爸很难处理好亲子关系，甚至会把家庭关系、夫妻关系也搞得一团糟。因为令他焦虑的事情往往让人觉得无法理解，所以他通常也没有朋友，孤独会加重他的焦虑情绪，也会让他的这种人格缺陷更加难以改善。

焦虑型人格倾向的形成原因很复杂，通常会有童年的遭遇，或曾经在缺乏安全感的环境中成长，或者父母双方有一方焦虑型人格突出，这些都会是形成焦虑型人格的因素。

而由于爸爸的影响力在孩子成长中的绝对性，如果爸爸是焦虑型人格，孩子在很小的时候就会受到直接的影响，情绪和行为都有可能出现焦虑性的因素。

这一点我在对一些老师的采访中已经得到证实。现在由于很多家长都对孩子的学习特别焦虑，尤其对孩子将来参与社会竞争特别焦虑，他们的这种情绪和行为已经直接感染了一些孩子。

4. 现在的孩子不快乐往往是因为很焦虑。

现在你和一些还在读小学的孩子聊天，问他快不快乐？他就会说，他不快乐，他感觉特别累，他为未来很担心、很紧张，甚至有一些恐惧。

本来一些少不更事的孩子在他们应该最无忧无虑的年纪，却个个忧心忡忡，为那些对他们来说都是很遥远的事情而担忧，这一定是家长过多地在他们面前流露了自己焦虑情绪的结果。

而且孩子的焦虑会直接影响到他们的行为。现在的孩子小学一年级就厌学，不喜欢学习，讨厌到学校去，小小年纪就行为叛逆，无法与同学好好相处。

很多时候这也是孩子焦虑情绪的行为表现，尤其是年龄小的孩子，因为他缺乏完整的有逻辑的思维能力，因此很多事情他搞不明白时就会表现得很烦躁，易激惹，情绪波动很大，很容易就为一点小事情而闹个不停。而且，当他发现自己无论如何努力父母也都不满意时，他就会选择放弃，那些小小年纪就厌学严重的孩子，大多数都有由很小就开始学习，父母的期望又很高的经历。

爸爸的焦虑不仅会毁掉孩子的耐心和信心，还会让妈妈也变得很焦虑。有的妈妈在孩子爸爸的焦虑情绪感染下，会变得比爸爸更加焦虑。情绪波动更大，行为上也会走得更远。所以我说焦虑是一种瘟疫，它真的会传染，会污染家庭的环境，污染孩子成长的过程。它很像雾霾，一旦发生便无处不在，让人无法躲藏，也无法逃避，焦虑型人格倾向的人如果不尽快加以调整，他自己很痛苦，因为他是自知的，他只是无法控制自己。

这种人格倾向跟反社会人格倾向完全不同，很多人身上固有的反社会人格倾向他自己并不知道，甚至别人告诉他，他都不会认可，有的人会直到自己出了不可收拾的问题他依然不肯承认自己具有反社会倾向。

而焦虑型人格的人大多数都知道自己的问题出在哪儿，也清楚自己通常在为那些不着边际的事而担忧。但他的问题是自知却无法自控，因此他会在这种越想控制越容易失控的恶性循环里挣扎，这种挣扎也会让他更痛苦。

而焦虑型人格倾向的爸爸通常也体验不到家庭的幸福感，与孩子无法和谐的相处将成为他最大的烦恼。因此，想要改变家庭气氛，想要孩子有更好的成长空间，这样的爸爸必须学会改变，焦虑型人格倾向的爸爸想要改变可以试试以下方法：

①放松法

目前对焦虑性情绪有直接改善效果的方法就是学会放松，这里面有音乐放松法，就是经常听一些慢音乐、古典音乐，尤其是在感到特别焦虑的时候，把音乐放得声音大一点，然后静静的去欣赏，你会发现你的身体和情绪很快放松下来，大脑会轻松起来，暂时告别那些无谓的焦虑。

再就是运动放松法，养成运动的好习惯，培养掌握一些运动的爱好，运动会激发身体释放让大脑感到愉悦的激素，也会让神经系统释放负面的能量，特别有利于改善个性和情绪。

还有专业的放松法，如果你的焦虑状况严重，那可以寻求专业人士的帮助，有一种专门放松身体的心理训练方法，让你先从放松自己的身体做起，慢慢地放松自己的情绪，以达到改善焦虑型人格的效果。

②谈话法

焦虑型人格倾向的人，想要解决自己的问题，一定要善于倾诉，学会毫无保留的把自己的问题说出来。倾听你的人可以是家人，也可以是朋友，甚至可以是网友。找一个你可以信赖的人，把你的担忧，你对未来的恐惧诉说出来，不要怕别人不理解你，你的目的就是把它说出来。

焦虑的情绪很怕封闭自己，很多因焦虑而起的不良行为，其实就是因为这种情绪积蓄太久，无法释放而引起的。学会倾诉，就是给你这种不良情绪找一个释放的出口，把你的担心说出来，不管它有多么可笑，也是一种减压的方式，会让你感到轻松很多。

而且如果你的谈话对象足够睿智，他还会帮助你在思维方式上调整自己，给你指出你病态的地方，让你认识到自己的问题，学会认知自己的情绪和行为，从而主动地去改变自己。

③控制法

焦虑型人格倾向有时候实际上就是一种有偏差的思维方式，如果你真的有愿望要改善，就必须从学会控制自己的思维方式入手。人的焦虑情绪通常是从思维来的，必须有意识地克制自己这种会产生很大负能量的思维，或者在焦虑的时候迅速转换思维模式，哪怕是什么都不想，把一切都交给明天，并用这种方法来训练自己，让这种思维方式成为一种习惯并坚持下来。

有时候改变自己的思维方式是一个很有效的改善人格的方法，并且会持久有效，一个连自己的思维方式都无法控制的人，是很难有愉悦的生活体验的。

④调整法

人的焦虑情绪其实常常是因为自己不稳定的心态造成的，尤其是有焦虑型人格倾向的人，内心不够强大，心态会随着外部世界的变化不断摇摆，起伏不定。同时因为他的心态有问题，因此他对外界信息的解读通常是不够正确的。

有时他看事物更多的是看到对他不利的那一面，因此他就会焦虑起来，从情绪到行为，都饱受焦虑情绪的控制。想要从这样的状态中走出来，最重要的就是要调整心态，让自己的内心变得更强大一些，不要轻易为外界的事物所影响。尤其是如果你是一个爸爸，你的行为会直接给孩子带来很大的影响，调整自己的心态，使自己的心态更加平和，有助于你从焦虑的情绪中走出来，生活得更加坦然、平和。

⑤接纳法

还有一些焦虑来自于对现实的抗拒和不接纳，尤其是爸爸对孩子的焦虑，经常来自于他们对孩子问题的不接纳。比如孩子的成绩差一些，有一些品行上的问题，焦虑的爸爸通常没有耐心去分析孩子为什么会这样？他们焦虑的情绪会变成一种不耐烦的行为，对孩子发泄出来，有时候一些爸爸对孩子的暴力行为就是这么来的。

那些经常打骂孩子，恨铁不成钢的爸爸，很多时候是因为对孩子的不接纳造成了他们无所不在的焦虑，而这种焦虑又变成了一种不尊重孩子、不理解孩子，只想按自己的方法去塑造孩子的比较简单、粗暴的行为，在孩子身上释放出来。

学会接纳孩子的不完美，学会耐心的等待孩子的成长，给孩子自我成长的机会和空间，每个孩子在他慢慢长大的时候都充满了缺陷，这是非常正常的。爸爸要有足够的耐心和用心，孩子才会越来越完美，过度焦虑的情绪和行为，只会毁了孩子的成长，给孩子带来难以弥补的伤痛，也让爸爸们很受伤。

⑥专业法

严重的焦虑型人格倾向是一种比较顽固的心理问题，有时候仅仅通过自己的调整是很难得到改善的。所以有必要的话可通过寻求专业心理咨询机构的帮助，进行一些心理和行为的训练，改善这种人格倾向。

实际上焦虑是所有人都会有的一种情绪，只要是适度的反而对人的学习进步有好处。但是过度焦虑，甚至是持久的过度焦虑，肯定就是一种病态人格的表现，需要尽快进行改善或改变。

而对于一个爸爸来说，这种人格会给孩子造成持久的负面影响和伤害，一个总是生活在爸爸的焦虑情绪和行为中的孩子，也会变得异常焦虑，进而行为失控，造成品行问题，这已是许多个案证明了的事实。

（四）抑郁型人格

抑郁型人格也是现在一种非常常见的人格倾向，它的主要特征就是人精神上的消极，心情上的低落，对前景感到绝望、悲观，对一切都不感兴趣，觉得自己是一个很没价值的人，往往觉得自己孤独无助。

抑郁型人格跟抑郁症并不是一回事，但它在某种程度上很像，表现的状态很多都类似，只是抑郁症是一种偶发的心理疾病，而抑郁型人格则是一种比较持久并且不容易改善的病态人格倾向。

它一般跟人的经历和成长过程的遭遇有关，大多数人抑郁型人格的形成都跟生活里不顺利的境遇直接相关。我在写有关单亲家庭的书《不完整的天空》时，曾经采访过一位严重的抑郁型人格倾向的爸爸。

1. 抑郁的爸爸毁掉了美丽的女儿。

他一开始是跟我谈他的女儿，他的女儿六岁时因为父母离异单独跟着爸爸一起生活，刚开始还好，可是这位爸爸后来投资生意失败，血本无归，生活陷入困境，再后来只能靠父母帮助过日子。

爸爸本来就是一个沉默寡言的人，自从离异、生意又失败后，他开始特别的消沉，对生活失去了兴趣，跟孩子的沟通也日渐减少，甚至过春节他会让女儿自己去爷爷奶奶家，而他则躲在家里喝闷酒。十几年就这么过去了，女儿也长大了，漂亮的她考上了北京的一所艺术学院舞蹈专业，独自去北京上大学了。

可是大一的下半学期开学不久，这位爸爸就接到了校方的电话，说他的女儿坠楼死亡，死亡原因正在调查。这个不幸的消息让这位爸爸差点昏了过去，作为一个单亲爸爸，他好不容易才盼着女儿长大了，这刚上了大学就出了事儿，他说什么也不敢相信。

可连夜赶到北京后，他再也看不到活蹦乱跳的漂亮女儿了，后来警方经过勘查证实，这个女孩是自杀。实际上这个大一女生自杀的消息让很多认识她的人也吃了一惊，她平时看上去挺健康的，虽说有一些内向，但在学校很努力，成绩一直不错，是一个不怎么让人操心的女孩，可怎么就突然自杀了呢？

2. 爸爸似乎在失去女儿后才明白其中的原因。

这位爸爸百思不得其解，他跟女儿寝室的同学彻夜长谈，希望能从中找出女儿自杀背后的真正原因。女儿的同学告诉他，他的女儿虽然表面看上去很懂事、很乖巧，但跟她一相处就发现她极为自卑自怜，而且极为要强又极为缺乏自信。

其实她的天赋很好，老师也很喜欢她，就是个性有些古怪，有时突然就会哭起来，看上去很脆弱，有时又很倔强，谁也无法说服她，这让她人缘不是特别好，有的同学喜欢她，有的同学讨厌她，可她又似乎特别敏感，特别在乎别人对她的评价。

这位爸爸一直以为女儿是一个很乖的孩子，从来不给他惹是生非，就有一次女儿问她妈妈到哪去了？为什么不来看她？他很生气，当着女儿的面摔了杯子，大吼大叫了一番，从那以后女儿再也没做过让他生气的事儿。

可是他很清楚那次发脾气伤了女儿的心，女儿再也不跟他说心里话了，她变得越来越内向，不爱跟人沟通，有什么事儿全闷在心里，直到她上大学离开爸爸。

后来这位爸爸在女儿的qq聊天记录里发现了女儿跟网友诉说的心里话。原来女儿在刚上大一不久，就在学校的心理辅导老师那里得知，自己有些抑郁倾向，后来她还专门去医院看心理科，确定她有些轻度的抑郁症，还吃了一个阶段的药，但这些事情这位爸爸一无所知，因为女儿从来不跟他沟通。

再后来这位爸爸也去找了心理医生咨询，才确定他的女儿可能就是因为心理抑郁，又得不到很好的救助，自己始终无法解脱，痛苦之余才选择了这样一种如此惨烈的方式结束生命，灿烂的青春嘎然而止。

为了解开女儿如此年轻却饱受抑郁情绪困扰的原因，这位爸爸开始买了很多心理学的书籍，也进行了多次的心理咨询，后来他明白，女儿的抑郁情绪很可能是受他抑郁型人格的影响。

3. 女儿的离去让爸爸开始反思自己。

这位爸爸承认他的抑郁情绪开始于很多年以前，可以说在女儿很小的时候，他就是一个消极、灰色、悲观的爸爸，他不愿意出门，不愿意和熟人打招呼，女儿的家长会他从来没有去参加过，女儿回家他的脸上永远没有笑容，女儿必须从小就得学会照顾自己，照顾爸爸，还得经常挨爸爸的骂，有时候爸爸烦躁起来还会动手。

可就在这样的情况下，孩子还是品学兼优的好学生。实际上从心理上讲，这孩子的人格早已经非常分裂。她在外面坚持努力的用勤奋来维护着自己的自尊，但回到家里，她每天面对着消极、绝望的爸爸，她的心里也会充满了消极和绝望，正是这种不断的挣扎让这个外表坚强的女孩，内心却充满了空洞。

读了大学以后，她的个性和情绪也在不断受着外界的刺激，整个成长期都笼罩在爸爸的抑郁情绪里的她，抑郁情绪自然而然的不时发作，让她痛苦不堪，缺少朋友，不爱诉说，孤独和无助成了压倒她的最后一根稻草。

记得当时这位爸爸在跟我倾诉的过程中，几度痛哭失声，他一直在自责是自己毁了女儿，所以他很希望把他的经历分享出来，帮助那些同样是病态人格的父母走出困境，别让他们因为无知而毁了自己无辜的孩子。

4. 很多家长有抑郁倾向自己却并不知道。

在我对许多问题家庭的咨询中，我发现，很多父母是自己的人格有问题，行为有问题，从而直接导致了孩子的教育问题。

可以说孩子的问题100%是家长的问题，不是家长的教育方法有问题，就是他们的人格缺陷导致家庭养育环境有问题，关键是很多父母人格是病态的，而他们却不自知，觉得自己很正常，没问题。

尤其是这种抑郁型人格倾向，它往往非常隐蔽，表现的并不是特别突出，无非就是人消极一些，对什么都缺乏兴趣一些，悲观一些。有时候这种人格倾向的人工作生活都基本正常，就是情绪偶尔会失控一些，如果缺乏这方面的常识，人们通常会忽略这些东西，并不认为这是病态。

但是这种抑郁的人格对一个家庭来说是很可怕的，首先它会让家庭的气氛变得很灰色，其次它会让孩子每天也无精打采的，因为大人的脸上缺乏笑容，孩子就会成长得很艰难。抑郁的情绪会带来很多不正常的行为，比如说烦躁，比如说冲动，有的甚至是行为失控，孩子在这样的环境下生活，性格扭曲，行为出现障碍，都是极有可能的事情。

最重要的是对孩子个性的影响，长期在这种抑郁的气氛中，大多数孩子也会变得很抑郁，只是有的孩子表现得突出，有的孩子不明显，但这种留在个性中的东西，会在孩子遇到问题时显现出来，尤其当他独自面对生活时，如果发生了他应付不了的事情，就容易出现极端的后果。

父母与孩子一起成长，最重要的就是要让孩子学会热爱生命，尊重生命。可抑郁型人格倾向的人通常是厌倦生命的，甚至是视生命为负担的，孩子大多是从爸爸身上看到他对生命的坚持与热爱。如果你是一位抑郁型人格的爸爸，你对生命的态度就无法让孩子从中受益，只会给他极为不利的影响。

5. 个案证明爸爸死于自杀的孩子自杀率偏高。

美国的心理学家曾经有一个调查，发现爸爸死于自杀的孩子，选择用自杀来结束生命的比率远远高于爸爸死于非自杀的孩子，而且这样的孩子他们选择自杀的年龄通常比他们的爸爸还要早。这就更加证明了这样一个事实，爸爸的人格水平直接影响孩子的人格水平。

最重要的是，爸爸的抑郁型人格会让孩子的性格也变得很不健康。由于个性抑郁的爸爸大多性格内向，不善沟通，甚至情绪常年低落。在他身边的孩子也会变得性格内向，遇事不爱沟通，这样的习惯一旦形成，基本上就决定了他和父母的相处模式，也决定了他成年以后的性格特质。

与性格内向的人相处常常会让人觉得很累，因为他们不善表达，不重视人与人之间的沟通，这种性格上的劣势会直接影响他参与社会的竞争。人们常说别让孩子输在起跑线上，实际上如果孩子的性格有问题，无论你成绩多么优秀，你就已经先输在了起跑线上。

所以重视孩子的个性培养应该从给他良好的家庭环境开始，这比让孩子小小年纪就去学什么技能要重要得多。想要孩子的个性成长得健康，父母的人格一定要健康，至少是正常的。

抑郁型人格倾向的爸爸一定要及时发现自己的抑郁情绪，并针对自己的抑郁倾向及时作出调整和改善，这是一种非常不利于家庭，更不利于孩子成长的病态人格，必须有所改变。

对这样的爸爸来说，想要调整自己的抑郁情绪，改善个性，可以试试下列方法：

①交流法

抑郁个性的人最突出的特征就是不爱交流、内向、沉闷，让人觉得压抑。所以想要改变自己一定要先从善于和乐于与人交流开始，学会与人倾诉，是最重要的减压手段。有很多爸爸总是把自己强大的那一面展示给别人看，不愿意让别人看到自己脆弱的一面，他们把沉默当成最好的保护自己的手段，但是失去了与人交流的能力，很多时候他的压力会变成负面情绪积蓄起来，这种情绪压抑久了就会成为他抑郁的个性特质，很多人的抑郁个性实际上就是这么来的。

所以交流很重要，找一个可以信任的朋友，说说你的心里话，并让这种行为成为你的习惯，当你习惯和别人分享你的喜怒哀乐时，你就发现个性会变得开朗起来，抑郁的心境也会好很多，自然个性就会健康很多。

②旅行法

抑郁的人常常是因为环境的压抑，工作的压力，或者遭遇了挫折形成了人格上的改变。如果你真的感到很抑郁，并且已经影响到了你的生活，让你觉得了无生趣，你一定要来一场说走就走的旅行，没有条件创造条件也要上，因为换一换环境对你来说太重要了。

旅行的目的地不重要，重要的是你要出去走走，哪怕是一个人，看看大自然，享受一下生活的美好，旅行也是减压的最好方式，看看大千世界你才会觉得自己有多么渺小，所以什么都是浮云，不必过于较真儿，让自己的个性变得豁达一些，有助于你用更潇洒的姿态面对"残酷"的生活。如果你是一位爸爸，你就更应该洒脱一些，因为你的孩子会看你如何应对挫折，你坚定的背影会比一张终日沮丧的脸更让他印象深刻。旅行会改变你的人生态度，进而改变你的个性，真的可以试试看。

③充实法

抑郁个性的人很重要的问题就在于惰性十足，什么也不想做。其实这反而会让你更加空虚，如果你真的很想改变，不管去干什么，让自己忙碌一点吧！多做一些事情会让你有成就感，也会让你从抑郁的情绪里解脱出来。

人在做事的时候通常精神上会积极一些，这会给心理一种暗示，你是一个有用的人，是一个别人很需要、不能缺少的人。这样一种价值感会抵消你对自己过低的评价，从而让你的心态积极起来。而且人一旦活得充实了，就没有时间去想那么多不愉快的事，情绪就会好转，人的很多行为是受人情绪支配的，一旦情绪的问题解决了，行为问题就会迎刃而解。

④责任法

人在很多时候有无法估量的潜能，我曾经遇上不少陷入病态人格困境的爸爸，对他们是否能够改变忧心忡忡。每当这时我都会提醒他们，拿出自己的责任感来，不管你在生活里有多少角色需要扮演，首先你最需要演好的是爸爸的角色。

因为很多角色可以被替代，只有爸爸的角色无人可替，你既然已经成为爸爸，无论你的生活发生了什么，你都没有理由成为一个让孩子很失望的爸爸，你要相信自己的潜能，只要你想就一定可以做到。

爸爸的责任感会让你重新评估自己的价值，你可以是一个不成功的爸爸，但不能成为一个允许自己在病态人格沉沦的爸爸。与孩子的成长相比，你自己的那点情绪真的不重要，假如你的孩子也抑郁了，我相信你会比他还心痛，所以做一个好爸爸比做你自己重要得多。

⑤专业法

有些抑郁型人格的爸爸抑郁情绪迁延很多年，行为上也已形成习惯，他自己也很苦恼，像这样的情况要改善最好寻求专业机构的帮助，进行一定的专业治疗和训练。大多数人格问题不是疾病，只要方法到位，改善愿望强烈都会在专业机构的帮助下，有一定改观，甚至可以改变。

重要的是你要学会寻求帮助，太多的人不重视人格问题，尤其是很多父母，情绪和心理出了问题意识不到是自己的人格有问题。光在外部找原因，却忽视了对自己的心理状态做内观，影响了解决问题的效率和质量，也影响了与孩子的相处质量，所以在你自己也搞不清是怎么回事的时候，让专业的机构来帮助你，是充满智慧的选择。

（五）依赖型人格

依赖型人格倾向的爸爸在目前的80后、85后，甚至90后当中比较突出，这种人格倾向最主要的特质就是不能独立，依赖心理严重，缺乏自信，愿意一切听从父母或别人的安排，遇事没有自己的主见。

这种人格的形成最主要的原因来自于他们的童年和少年时代，父母那种包办型、控制型抚养。从80后开始，这一代孩子大多是独生子女，也为很多父母只养育着一个孩子，因此方法上存在诸多弊端。

一方面是父母的全身心付出，对孩子生活的方方面面包办与控制；一方面是孩子在这样的生长环境中养成的依赖习惯。长此以往，这样的习惯成为他们个性中的一部分，自然也成为他们固有的人格特征。

1. 依赖型人格爸爸即使成年以后也无法独立。

依赖型人格倾向给这一代孩子带来太多问题，成年很久却不能养活自己的"啃老族"，每月工资没到手就花光了的"月光族"，外表光鲜亮丽内心却脆弱得不堪一击的"草莓族"，这些听上去就让人不安的标签都是在说他们目前的生存状态。

最重要的是他们虽已成年却无法成熟起来的个性，虽已结婚生子却仍离了爸妈无法过上独立的生活的心理状态，让人觉得不知道什么时候他们才会真正长大。

当一个孩子已经成年却无法独立面对自己的生活，大到买房买车，小到洗个袜子还需要父母为他操心承担的时候，我们不能说这个孩子的教育是成功的，尽管他读的可能是一流的大学。

看一个孩子是否是家庭教育成功的结果，最重要的一定不是他读了什么样的大学，拿了什么样的成绩，成功的结果只有一个，那就是看他长大以后有没有能力承担自己的生活，有没有独立的担负起他自己家庭的责任，成为合格的父母。

如果一个家庭里有依赖型人格倾向的爸爸，这个家庭的关系是很难处理好的。这样的爸爸会把他对孩子的责任推给别人，好像孩子的成长跟他没太大关系，孩子的到来并没有让他有独立的意识，相反他可能会更加依赖父母，或者依赖妻子，这样的爸爸会让他的家庭很累。

除了对父母和他人的依赖习惯，这种人格倾向的爸爸通常不够自信，在工作上也很退缩，缺乏独立面对的精神，与他人相处一般也处于从属的位置，缺乏个性，事业上较少有上进心，凡事寻求得过且过。

2. 孩子的依赖型人格往往来自依赖型人格的爸爸的影响。

这样的爸爸不会给孩子做好的榜样，不仅会让孩子也形成依赖的个性，还会大大影响孩子自信心的建立。人的独立首先是个性的独立，无法独立的爸爸通常不会给孩子带来独立个性的培养，只会把他的退缩、无法自信的个性特质传递给孩子。

这种影响非常不利于孩子积极向上的个性培养，依赖型人格倾向的爸爸不仅会在生活态度上影响孩子，更重要的是在人格习惯和思维方式上的传递上对孩子的成长极为不利。

也许很多爸爸并不愿看到这样的结果，可这是规律，无法抗拒。因为孩子和你朝夕相处，每天看到你的行为，感受到你的情绪，他无法摆脱爸爸对他的影响。

依赖型人格的孩子在成长过程中是很麻烦的，首先他的独立生活能力很差，处处都要人照顾，其次，由于人格不独立，他很难自己解决问题，有时候这跟他的年龄无关，心理的无法独立造就了他很难成熟的个性，这也是现在这一代孩子普遍存在的生理成熟和心理成熟完全脱节的原因。

有时候你看到一个年龄不小了的孩子说话、做事，包括思维方式都显得那么幼稚和不成熟，和他的年龄不匹配，这样的孩子大多都有一些依赖型人格特质。

3. 在大学里陪读的爸爸又有多少无奈。

东东是一位大一新生，刚刚从东北考到北京的一所名牌大学。他的爸爸找我来咨询时一脸无奈，这位爸爸原来是东北某市的公务员，儿子考上北京的大学后，说什么也要复读，原因是他不想到外地读大学，不舍得离开爸爸。

东东爸爸左劝右劝，最后才说服儿子赴京就读，但儿子的条件是想要他到北京读大学，爸爸必须跟他一起去陪读，因为他习惯了爸爸的照顾，离开了爸爸他不知道该怎么打理生活。

为了让儿子完成学业，东东爸爸只好辞去了不错的公务员工作，陪着儿子来到北京，在大学附近租房，开始了陪着儿子读大学的生活。

因为东东爸爸辞职后没有了收入，家庭经济日益紧张，只好在学校附近的超市找了一份保洁员的工作干着，从公务员成为一个保洁工，东东爸爸的心理落差很大，可是为了儿子他也只能这样奉献了。

可最让他感到困惑的是儿子的个性，已经是大学生的儿子心理极为不成熟，平时除了到校上课，很少参与学校活动，跟所有的同学都没什么交流，也没有朋友，最喜欢的就是电脑游戏，常常一玩就是通宵，自控能力极差。

让爸爸最不满意的是他的个人生活问题，到现在大一的新生连袜子都不会洗，每天要不是爸爸给他收拾，他就无法干干净净的出门，爸爸发现他对别人的依赖已经到了影响他所有生活的地步。

除生活上的问题，这孩子的性格也内向、不自信，不愿意出面解决任何问题，连学校里开迎新晚会，他也要拉着爸爸参加，爸爸坚持不去，他居然就没有参加。

爸爸很担心再这样下去，这个孩子将来怎么办？我问这位爸爸，东东的成长过程是怎样的？东东爸爸有些不好意思地说，因为孩子的妈妈在东东九岁的时候去世了，这孩子从小学习就好，又很听话，所以他特别疼这个儿子，打小就照顾得非常周到，可以说什么也不需要孩子自己去做。

可没想到等孩子大了才发现，这孩子除了成绩好，独立生活能力基本为零，不光自己的生活无法自理，心智似乎也出了问题，完全不像他这个年龄的孩子，行为和心态都很像襁褓里的婴儿，离了父母就无法独立生存下去。

4. 依赖型人格的人很难担起爸爸的责任。

在东东爸爸的描述中我发现这个大一新生已经是非常典型的依赖型人格，而且形成的时间很长，已经基本上左右了他的生活，成为了他的一种习惯，包括他进了大学却从来不会交朋友，已经成年却无法控制自己的行为，思维方式的简单幼稚，这些都是他依赖型人格所造成的问题。

而形成的原因很简单，就是爸爸无微不至的照顾，包办一切的抚养方式。这些看上去是对孩子的爱，却剥夺了孩子成一个人格独立、心理独立健康的人的机会。

如果孩子的爸爸本身就是依赖型人格倾向的人，那对孩子的影响就会更直接。所以如果东东做了爸爸，我相信他的孩子一定也会有这方面的问题。因而如果你正是这样一位具有依赖型人格倾向的爸爸，尽快调整与改善是你迫切需要做的功课。

你可以试试下面的方法：

①认知法

很多爸爸之所以从来没有意识到自己的人格有问题，是因为他们很无知，对自己的问题缺乏探究的兴趣。所以想要得到改变，最重要的是学会正确认知自己的心理与行为，对自己的问题做一个全面了解，正视自己的问题，而不是逃避或忽视。

认知法可以让人了解自己，懂得自己的问题出在哪里，知道通过什么样的方法来改变自己，认知本身是一种积极行为，对依赖型人格倾向的爸爸来说，能够积极认知自己的问题，尝试做出改变，说明他已经认识到自己的问题，这也是一种改善。

②放手法

不管你是依赖型人格的爸爸还是他们的父母，想要彻底改变自己的依赖心理，进而扭转病态的依赖型人格，舍得放手、敢于放手是最治标又治本的方法，也是对他们最负责任的方法。

依赖型人格的人想要走上社会，成为一个健全的社会人是比较难的，无法在社会上有自己独立的机会，无法建立自己的独立生活，这是他们成年以后感到很痛苦的一件事。因此，放手让他们学会独立，学会找到靠他们自己生活的能力，就是在帮助他们健全人格，给他们另一种重新长大的机会。

也许放手以后他们的生活会陷入混乱，但请相信这只是暂时的，他们会好起来，如果他们坚持的话，总要经历一段暗无天日的混乱时期，他们才能真的长大，成为成熟的人，同时也是健康的人，放手才能够真正帮助他们，彻底解救他们。

③信任法

家有依赖成习惯的爸爸或孩子，往往是因为父母或妻子的不信任造成的。尤其是那些在自己的原生家庭就形成依赖人格的人，到了自己的小家庭里，如果他仍然找不到信任，他能做的当然只有放弃独立，选择依赖。

所以当你发现他已经形成依赖个性的时候，千万不要只责备他，如果你是他的妻子，你一定也有责任。那就是你可能从来都会信任他，觉得他能够独立承担什么事，相反你会觉得他真的是能力不行，事事你都会替他面对，时间一长这种依赖关系自然就形成了。

这种充满不信任感的家庭相处模式，通常有一个人会变得特喜欢依赖，如果他原来就有这种人格特质，这样的家庭氛围只会让他的这种病态人格越来越严重。

信任是让一个人学会独立、喜欢独立最重要的方法，如果他是一位爸爸，做妻子的更要充分地信任他，相信他有承担的能力比什么事都替他去做更有利于他的成长。

信任还会让人找到自信。很多一直到成年都无法找到自信的爸爸，往往有一个缺乏被信任的童年，自己成家以后又遭遇无法信任他的妻子，所以，即使他年岁渐长仍然找不到自信，影响了他人生的发展。

④激励法

依赖型人格倾向的爸爸，通常在职场中属于服从的地位，或者被支配的位置，因为他的行为往往很被动，既不会主动寻找上进的机会，也不会积极寻求工作上的突破，属于比较后进的类型。如果你还比较年轻，就让人觉得可惜，也许你可以活得比现在更精彩，做比现在更大的事情，可你却让自己的个性给拖累了。

如果你真的想改变，想更积极的面对生活，我建议你先给自己规划一个更美好的生活目标，然后在你身边找几个你可以效仿的人，他们或者是你的上级，或者是你的偶像，或者是你的邻居，只要他们比你强大，比你更出色，比你过得更好，他们就有理由成为你的激励者。

你可以让他们做你的对手，潜在的也可以，告诉你自己，只要改变，你也可以跟他们一样好，跟他们相比你没有更差，只是你的个性阻碍了你的成长，放弃对别人的依赖，积极的独立生活，你不但会得到别人的尊重，还会得到别人的敬仰。

你的孩子会把你当作偶像，你不但会成为一个成功的人，还会成为一个成功的爸爸，为你的孩子做最好的人生榜样，这一切都需要你的尽快改变。

⑤专业法

严重的依赖型人格真的不是可以靠自己的力量就能够改变的。如果你尝试过想要改变却没有成功，我建议你尽快寻求专业机构的帮助，他们会用科学的戒断方法来帮助你慢慢戒除依赖，学会独立承担自己的生活。

这其中还会有一些技能训练、心理疏导、行为引导，通过专业方法改善自己的病态人格倾向最大的好处在于系统，而且有人监督执行，特别适合有强烈改变愿望的人，而且，如果是水平很高的专业机构，它的效率也会令人满意，效果也会很明显。

爸爸的人格障碍会阻碍孩子健全人格的成长，影响孩子未来在社会上的生存，需要积极改善与调整。

据我了解，不少爸爸由于缺乏一定的心理健康常识，对病态人格很少了解，自己的个性出了问题，产生了很多不利于孩子成长的影响，他却并不知道，这就需要爸爸们尽可能多地了解一些心理健康的科学，如果你的孩子出了问题，别只顾在孩子身上找原因，要对自己的人格和行为多做一些分析。

以我自己将近二十年中国家庭教育的经验来看，孩子的个性问题、行为问题大多受父母的个性与行为问题影响，可以说有人格健全的父母就不会有人格不健全甚至有缺陷的孩子。

而这其中又以爸爸的人格影响力最为重要。所以爸爸的人格健全对孩子来说就是他健康成长的保障，如果你想要自己的孩子人格健康，首先请为了做一个人格健康的爸爸而努力吧，否则你就会成为孩子健康成长的阻力。

其实每个人的人格都会有有瑕疵的一面，只是你要把自己的主流人格坚持到底，所有的人都喜欢人格健康的人，愿意给人格健康、个性积极的人更多的机会。

一个人格健康的爸爸，通常是阳光的、积极的、向上的，他每天都会给人带来正能量，他的生活有美好的目标，他热爱家庭，重视孩子的成长，在乎自己在孩子面前的形象，并愿意为此而保持一定的风度。

他在外是一位绅士，回到家里是一个充满爱心的爸爸和丈夫，他不一定很成功，但他在乎自己每天的努力，并愿意为家庭更好的未来而奋斗，他不完美，但他懂得如何做会更完美，这样的爸爸通常很普通，但他是健康的，他就会成为孩子们最需要的爸爸。

Part 03

爸爸的为人处事
会影响孩子的为人处事

一、爸爸大气，善于与他人相处，
孩子就会与他人愉快相处

1. 爸爸善于与朋友分享，孩子一定会大气。

小时候，物资匮乏，爸爸经常出差，所以会不断带些特产回来，尽管不多，但总是看到他与朋友、同事分享，出手很大方，当然朋友、同事有什么好的东西也会来跟我们分享，爸爸的人缘很好，朋友很多，这种印象一直留在我的脑海里。

成年后，我也有了朋友，我为人处事的特点就是喜欢和别人分享，自然也交了不少朋友，有的朋友很多年不见，一旦见面还会记起我的大方，让我觉得很开心。后来才想，这也许就是爸爸为人大气的影响吧，感觉这股来自童年的影响，力量是如此巨大，到现在还在左右着我为人处事的原则，那就是与朋友相处要大气。

2. 爸爸的影响可以延续到孩子成年。

这也许是最早爸爸关于为人处事对我的影响，但它却持续到现在，可见爸爸与人相处的风格可以直接影响到孩子如何与人相处。

当然爸爸的为人大气还不仅仅体现在善于与人分享上，更重要的是他的包容与容忍，对别人的体谅与理解，甚至凡事可以站在对方立场上替对方考虑的思维习惯，这些品质都体现了他的大气，也都是他能够与别人相处愉快的重要原因。

爸爸的这种大气对我的影响是直接的，他让我在很小的时候就懂得要体谅别人、理解别人，凡事不能只想按照自己的想法去进行。这种品质也给了我很大的帮助，一个是让我成为了一个可以愉快的与他人相处的人，另一个是让我成为了一个可以有能力给别人带来快乐的人，我的这种个性的形成，爸爸的影响力功不可没。

我在不少孩子问题的咨询中都听到父母这样说，他们的孩子有各种各样的问题，但最让他们担心的是孩子无法与人愉快相处，这些孩子的年龄从幼儿园的小班生到大学里的大学生，虽说年龄差别很大，但问题几乎是一样的，那就是自我、自私、很难与别人相处。

不用说这些找不到朋友的孩子并不快乐，他们最相处得来的朋友就是手机与电脑，可这些数码玩具可以陪他们玩儿，却并不能真正与他们交流，而人是绝对需要交流的动物，缺乏人与人之间的交流，就无法生存的愉快，所以，你会看到现在的孩子什么都不缺，可是他们却很累，心累。

3. 不会为人处事的爸爸让女儿很不受欢迎。

欣欣是一个十五岁的女孩，妈妈带她来找我做咨询的时候，她还没开口说话就哭了。妈妈告诉我欣欣的成绩非常好，刚刚考入了一所非常有名的重点高中，可开学刚刚半年，欣欣就嚷嚷着要转学，说她不喜欢这个学校，同学一点儿也不友好，谁也不喜欢她，这让本来很骄傲的欣欣非常不快乐。

我跟欣欣的交流过程中就发现这个女孩非常自我，因为从小到大都是好学生，成绩很好，老师家长都很宠她，而她自然就养成了一种处处以自己为中心的习惯，走到哪儿都喜欢成为焦点，如果大家不关注她，她就会很失落，产生心理不适。

她刚刚入读的这所重点中学也是高手云集的地方，考进来的都是尖子、学霸，都是老师家长的宠儿，所以欣欣很难像以前那样总是成为焦点。

重要的是欣欣与同学相处模式也有问题，除了从来不会分享，她还很娇傲，一般的同学看不上，有时候成绩不如她好的同学问她点问题，她还爱搭不理的不想告诉人家，有时候带点好吃的零食到班里，除了炫耀，从来不跟同学分享，别的同学有点困难想让她帮帮忙，她就会一口回绝。

有那么几个和她走得近的同学，她也是高兴了才理人家，不高兴谁也不理，时间一长同学们都不喜欢她的个性，觉得她不够大气，很难相处。

实际上在学校里交不到朋友，欣欣也很难受，只是她始终不明白大家不喜欢她，问题是出在自己身上。

4. 爸爸没有朋友，孩子也很难找到友谊。

欣欣妈妈说自己的工作很忙，因为是外科医生，她常年需要加班，与孩子相处的并不多，我问欣欣妈妈，她爸爸的为人处事怎么样？欣欣妈妈很尴尬地告诉我，欣欣爸爸也是个没有朋友的人，为人处事很小气，她觉得女儿的很多行为习惯，是受了爸爸的不良影响才会变成这样的。这也是她要带女儿来做心理咨询的原因，她想要了解一下女儿的个性这样不受欢迎，是不是受了爸爸个性的影响。

欣欣妈妈说欣欣爸爸原来跟她一个单位，也是一位医生，可就是总是跟同事搞不好关系，跟别人相处得很不愉快，最后辞职进了一家外资医院，进外资医院是因为他觉得人际关系简单好相处。实际上据欣欣母亲说，欣欣爸爸在哪儿跟人相处的也不好，一个是因为他比较自我，另一个是因为他很计较，不善于跟别人分享任何东西，从工作到生活，他都是一个活在自己世界里的人，只考虑自己的感受，从来不体谅别人，这是他缺乏好人缘的重要原因。

欣欣妈妈最伤心的是她看到自己的女儿也开始变得像她爸爸那样，缺乏与人愉快相处的能力，女儿才15岁，就已经经常在为与他人的相处而烦恼了。她不想自己的女儿走向社会成为一个不受欢迎的人，她很希望通过心理咨询可以改变她女儿的个性。

我相信这世界上最痛苦的事情莫过于看到自己的孩子被他的同伴拒绝，而父母却无能为力，父母可以为孩子承担一切，却无法为孩子找到友谊，想要得到朋友的喜欢，或跟自己喜欢的朋友在一起，孩子只能靠自己。

我建议欣欣妈妈尽快让欣欣爸爸来跟我交流一下，或者找他信任的心理咨询师做一些心理和行为的疏导与调整，因为很明显她的女儿受到了他的个性和行为的影响，如果他不及时做出改变和调整，会耽误孩子的个性往健康的方向发展和成长。

在我所做的很多问题孩子的咨询中，你会发现孩子的个性与行为问题大多是受父母的影响。所以，为人处事大气，善于与他人相处的爸爸，一定会让孩子也成为一个受欢迎的孩子。

5. 无法融入他人世界的孩子很难找到快乐。

现在的社会是典型的他人社会，我们的生活和工作都离不开他人，与他人愉快的相处，有好的合作精神，有时候这种品质真的比什么名校的文凭还要重要，作为孩子的爸爸，你给他最珍贵的财富可能不用是真金白银，给孩子一颗待人大气的心，能替他人着想的思维方式，包容体谅的心态，理解别人的能力，这些都是可以让他找到朋友，融入他人世界，拥有愉快的友谊，在这个世界上快乐生存最重要的品质。

　　当你的孩子走出家门，却找不到接纳他的友谊时，当他不快乐，因为他没有朋友，或者朋友都不喜欢他的时候，别只是责怪孩子不会与人交往，如果你是一位爸爸，看看你的为人处事是不是有问题，往往你就会找到问题的症结了。

二、爸爸善于交往朋友，重视友情，孩子也会从小就学会与人交往

　　朋友的儿子才只有九岁，却是个特别会与人打交道的小男孩，他的朋友上至60岁的忘年交，下至5、6岁的小朋友都有。他喜欢交朋友，擅长交朋友，这一点让很多家长都很羡慕。

　　其实我知道这孩子擅长交朋友都是因为他的爸爸就是一个特别开朗、随和、有一大堆朋友的人。这个男孩从小看着爸爸迎来送往，与朋友交往，自然也就懂得友情的重要性。

1. 爸爸善于交朋友，孩子也很会待人接物。

　　在孩子与人交往能力的培养上，爸爸的态度和行为起了决定性作用。这一点对于男孩女孩来说都特别重要。对于男孩来说，爸爸对待友情的那种豁达、开放的态度就是他将来与人交往的模板，爸爸与朋友之间相互信任、理解的行为会告诉他很多如何与朋友相处融洽的方法。

　　而对于女孩来说，爸爸那种男性特有的随和、大方的气质，也会让她在与朋友的相处中表现得落落大方，开朗随和，让人感觉很大气。

　　社会交往是每一个人走向社会必不可少的一种能力。现在，不少孩子进入职场后，最感到困惑的就是与人的交往和与朋友的相处问题，有时候这种能力往往跟他所受的教育程度无关，一个博士不见得比一个初中生更会处理人际关系，很多时候这是家庭教养的关系，这其中又以爸爸的影响力最为重要。

2. 让孩子从小就学会与人交往特别重要。

因为一般的中国家庭都是爸爸主外、母亲主内，因此家庭的外交事务，与朋友的相处来往孩子多看到的是爸爸的行为。因此，爸爸参与孩子的成长很重要的一个职责就是要让孩子学会与人交往，与社会打交道，这种能力的成熟与否直接决定了孩子将来走向社会后的生存水平。

孩子的这种能力培养开始得越早越好，培养孩子心胸开阔，待人接物有礼貌有教养，学会尊重他人，不侵害他人的利益，与人友好相处，这种品格的塑造有时候就是爸爸的言传身教，如果爸爸就是这样一个懂得与人相处规则的人，孩子一定会非常适应社会交往的规则，而如果爸爸是一个在社会交往方面能力很差，又不讲规则的人，孩子的社交能力可能就会比较弱，甚至一塌糊涂。

三、对于孩子来说，一个有朋友的
爸爸比一个有钱的爸爸更有价值

　　曾有这样一句话，叫做"问世间情为何物，直教人生死相许"。这其中的情很大程度上来自友情。自古以来朋友之情，友谊，都是人们生活中最为珍贵的东西。因此，在我看来，对于孩子来说，一个有朋友的爸爸比一个有钱的爸爸更有价值，因为钱有价而友情无价，钱可以花光，而真正的友情是几代人可以传承下去的无价之宝。

1. 没有朋友的孩子会很孤独。

　　因此作为孩子的爸爸，如何教会孩子获得友谊、珍惜友情、交到朋友是一门很重要的功课。孩子离开家庭，走向社会，小到幼儿园，大到职场，都需要找到朋友，有朋友的接纳、朋友的陪伴，孩子才会有归属感，才会不感到孤独，朋友是孩子能够融入社会的桥梁，没有朋友的孩子，交不到朋友的孩子会很痛苦，甚至很自卑，那些罹患忧郁症的人最先开始的症状就是脱离朋友圈，最后，孤独与无助会让他们放弃生命。

　　如果爸爸是一个有朋友的人，孩子会在爸爸与朋友的相处过程中，看到如何去维护友情，如何尊重自己的朋友，如何交到更多的新朋友，如何将友情维系得更持久。这些人生经验都需要爸爸用自己的行动来给孩子做一个示范，孩子一定是看到爸爸如何与他的朋友相处，才懂得自己如何与朋友相处的。

　　现在不少孩子进入社会后，交不到朋友，即使有朋友也很难相处持久，尤其是一些男孩表现得跟女孩一样，和朋友斤斤计较，不擅长分享，虽然这跟他们独生子女的成长经历有关，但我认为最主要的是他们跟爸爸相处的太少，爸爸忙于工作，对孩子的成长参与过少，因此他们看不到爸爸是如何与朋友相处的细节，体验不到男性对待友谊的态度。

2.把孩子学会交朋友这事就交给爸爸吧。

相反有些孩子因为总是跟妈妈在一起，尤其是男孩，他们对待有友谊的行为有时候就有一些女性化，过于细腻和追求完美，这往往是他们无法获得一段持久友情最主要的原因。如果是女孩就更加容易家长里短，小肚鸡肠，这样的心态就更加难以交到知心朋友。

所以如果你是一位特别擅长交朋友的爸爸，请千万带上你的孩子，让他看看你是如何与朋友相处的，因为爸爸的教养方式与母亲不同。母亲的教养方式常常是说教式的，而爸爸在孩子的教养上更擅长行动，这决定了爸爸对孩子的教育通常是体验式的，这种教育过程让孩子印象更加深刻。

3.让孩子交到朋友，爸爸如何做比说更重要。

在孩子与朋友交往的这件事上，爸爸如何做可能比如何说对孩子更有教益，重要的是你要让孩子参与你的生活，而你也要做孩子成长的参与者。很多爸爸都认为他负责在外面辛勤工作，把钱给孩子赚来就可以了，认为孩子的生活只要有了钱就会很快乐，事实上这是一个巨大的误区，一个除了钱没有朋友的孩子永远找不到快乐，因为人在这个世界上生存最重要的快乐就是获得归属感，找到属于自己的圈子，可是没有朋友哪来的归属感和圈子呢？

所以一个会交朋友的爸爸，一个会带着自己的孩子体验友谊所带来的快乐的爸爸，一定比一个除了钱什么也不会给孩子带来的爸爸更受孩子欢迎，也更加有价值。

而且你留给孩子再多的钱他也会花完，如果你教会孩子如何获得友情，如何找到真正的知心朋友，如何把友谊维系到天长地久，这是孩子终生受用的财富，是谁也拿不走的属于他自己的珍宝。

Part 04

爸爸的性格
影响孩子的性格

一、爸爸的性格直接影响孩子性格
的形成

　　人的性格有先天的基因元素，更多的还是后天的习惯养成。性格决定了人为人处事的方式，也决定了他对生活的态度，和对生命的选择。可以说人的一生都无法摆脱性格的主宰，有时候人会对自己的性格无能为力，因为它一旦形成就不容易改变，甚至会延续到你的下一代身上。这其中尤其是爸爸的性格对孩子的影响是巨大的，性格也是可塑的，尤其是对孩子来说，成长环境、父母的个性、生活的经历都可以影响到孩子性格的形成。

1.开朗、乐观的爸爸造就开朗、乐观的孩子，沉闷、内向的爸爸通常有一个沉闷、内向的孩子。

　　贝贝是一个来自新疆的11岁男孩，我是在医院病房里见到他的，他的妈妈得了乳腺癌到北京来做手术，他一直陪在妈妈身边，他爸爸因为肝癌刚刚去世，这使这母子俩有些无助。

　　贝贝妈妈在等待手术的时候跟我聊起儿子，满心忧虑。她说孩子11岁了，很听话就是不爱说话，少言寡语，性格特别内向，从来不爱与人交流，贝贝妈妈担心孩子长大了这种性格影响他未来的发展。

　　我看贝贝妈妈挺开朗的，就问贝贝爸爸是什么样的性格？说到贝贝爸爸，这位妈妈长叹一声，告诉我，贝贝爸爸是一名法官，工作非常出色，很有能力，可就是性格内向，不爱说话，回到家里很沉闷，这不仅让贝贝妈妈很压抑，重要的是他跟儿子也从来不交流，父子俩很少沟通。

贝贝妈妈觉得他工作很忙，压力也很大，平时很少让孩子打扰他，可慢慢地她就发现儿子的性格也越来越内向，老师也跟她反映，说贝贝在学校里从来不积极发言，跟同学也很少沟通，下了课总喜欢自己待着，一点也不开朗，越来越内向。

贝贝妈妈很不喜欢儿子的性格变成这样，她经常说让贝贝爸爸多跟孩子沟通，可贝贝爸爸回到家宁愿在电脑上下象棋，也很少跟孩子说话。就在前不久，贝贝爸爸查出了肝癌，很快就去世了，经此变故，贝贝更沉默了，贝贝妈妈怀疑儿子得了自闭症，因为他可以很长时间不说一句话，跟妈妈在一起时永远是沉默的。

我也发现这个11岁的男孩的确让人很担心，他脸色苍白，眼睛无神，一点也没有这个年龄段男孩子的朝气。一开始我还以为他是因为爸爸刚刚去世，母亲又病了，有一些心理应激，后来我发现，其实他并不是很担心母亲，相反还有些冷漠，他就是性格过于内向，不善于表达或者也不喜欢表达，也许是跟爸爸一样的沉闷吧。

2. **青春期的孩子性格很难改变。**

这样的孩子你跟他相处就比较费劲儿，因为他不爱说话，所有你很难知道他在想些什么，他高兴吗？他不开心吗？这些你很难了解得到，也难怪贝贝妈妈看着儿子不住地叹气，不知该怎么跟孩子相处才好。

关键是他11岁了，马上就是青春期，一个沉闷、内向的孩子，面对心理生理都变化巨大、躁动不安的成长，如果他什么都不与父母交流，的确会让家长很担心。

可贝贝的性格已经基本形成，如果没有强有力的外界干预，他的这种性格特质往往是很难改变的，甚至会越来越难以调整。

所以沉闷、内向的爸爸通常会造就出更加沉闷、内向的孩子，因为他们之间平时缺乏交流沟通的习惯，家庭成员在一起也很少说心里话，家庭的氛围也是沉闷的，孩子在这样的环境中只能变得越来越沉默，越来越不善于表达自己，这样的孩子成年以后也难以摆脱这种性格的困扰。

3. **乐观、开朗的爸爸再苦也会让孩子感到开心。**

而性格开朗、乐观的爸爸则会给孩子一个完全不一样的成长环境。首先他阳光乐观，喜欢交流，他会给孩子一个很健康的生活环境，因为他善于倾听，孩子也喜欢跟他说心里话，这样的爸爸通常会把家庭气氛调节得很活泼，孩子跟这样的爸爸在一起会很开心。

给我家送牛奶的小张来自河南，他有两个孩子，一个九岁，一个六岁，他在附近的农村租了农民房安身，靠送牛奶养家，两个孩子也开始在北京读书，30岁的小张一无所有，只有一双儿女，可他每天都很开心，他经常晚上4、5点钟带着两个孩子来我家送牛奶，笑嘻嘻的很乐观。

我跟他聊天问他怎么好像天天都这么高兴，他跟我说，他没什么不开心的事，虽然生活很艰苦，每天起早贪黑的特别辛苦，可他的两个孩子很懂事，书读的也不错，让他感觉在北京辛苦打拼很值得。

我觉得小张就是那种特别乐观、开朗的爸爸，他每天都生活在如此艰辛的环境里，可是他不浮躁、不消极，不管干什么都踏踏实实，开开心心。我亲眼看着他的两个孩子，从不懂事的两三岁，到现在开始越来越懂事的八九岁，一路的成长，两个孩子每天跟着爸爸给人家送奶，坐在爸爸的三轮车上笑声不断，父子三人甜蜜开心的笑容，哪怕是在数九的寒冬里也照样让人感觉很温暖。

虽说都生活在北京，小张的两个孩子无论从生活的环境，还是物质享受上真的没办法跟现在城里的孩子比。可是两个孩子很开朗，也很活泼，特爱跟人交流，对什么都好奇，特有上进心，也很有礼貌，挺招人喜欢，我觉得他们成长的很健康。

4. 爸爸的好性格是孩子成长中的阳光。

这就是爸爸性格的力量，这跟爸爸的能力没太大关系。一个能赚大钱，可以给孩子丰富的物质享受，却沉闷、内向，从来不重视与孩子交流的爸爸，一定不会比一个社会地位卑微却开朗、乐观，乐于与孩子们分享生活点点滴滴的爸爸，更让孩子们喜欢。

对孩子来说爸爸就是爸爸，跟他的身份地位无关，喜欢跟他们在一起，保持与孩子交流的频率和质量，不管生活多艰难，始终可以让孩子分享他的笑容，无论遇到多么艰难的事情都积极面对，不会让孩子担惊受怕，并为此受到伤害，这就是一个值得孩子们尊敬的爸爸，也是一个合格的爸爸。

二、爸爸爱抱怨，爱发牢骚，凡事消极的性格，是孩子成长中的小黑屋，会让孩子的性格也很消极

在我的亲子咨询过程中，经常会碰到这样的爸爸，他一开口满满都是抱怨，抱怨妻子不会带孩子，抱怨孩子不听话，抱怨工作太累，时间太紧张，抱怨周围的人不理解他，甚至抱怨自己的父母关键时刻帮不了他。每当这种时候，我都不开口，静静的听他说，甚至用接纳的眼神鼓励他说。

我相信这样的爸爸一定是压抑很久了，他需要有这样一个机会来诉说，甚至宣泄一下，以让自己的内心得到一些平衡。可是经过几次咨询后我发现这位爸爸开口仍是抱怨，仍是牢骚满腹，我明白抱怨、牢骚、消极其实是这样的爸爸的性格特质，有时候跟他的生活的境遇有关，而有时候却不一定。

1. 爱抱怨的女孩背后是爱抱怨的爸爸。

有一位妈妈是为了自己16岁的女儿来做咨询的，她说自己的女儿是重点高中的尖子生，成绩很优秀，可就是性格很怪异，首先是爱抱怨，从妈妈的饭菜到同学的成绩，都是她抱怨的内容。她考了第一会抱怨学校出题太简单，考了第二会抱怨那位考第一的同学运气比她好。

其次是发牢骚，好像生活中就没有令她满意的事情，妈妈很照顾她，什么都不叫她做，她仍然说妈妈从来不考虑她的感受，永远不懂她，她很不满意。

因为学习好，老师很偏爱她，可她总是在背后说老师不好，对老师不满意，跟同学发牢骚。最让妈妈受不了的是她对生活的态度，妈妈一跟她商量将来读什么大

学的事情，她就表现的很消极，除了对自己的未来规划很消极，她在生活中也表现的不像这个年龄段的孩子。

除了自己的作业和学习，她对任何事情都没兴趣，女孩子都爱漂亮、爱打扮，可她永远只穿校服，妈妈约她出门逛街买衣服她都懒的去，说是没意思。妈妈问她那你觉得什么有意思？她说什么都没意思，生活好无聊。

说实在的我也为这个女孩的心理状态感到惊讶，她才只有16岁就已经心若死水，波澜不惊，碰到这样的孩子，任何家长都会很着急的。

我开始了解这个家庭里的状况，原来这个家庭是一种男主内女主外的模式，孩子的爸爸原来有一份很好的财务工作，但因为原来的领导调任，他不被新来的领导信任，处处刁难他，一气之下他就辞了职。

回到家庭的爸爸没有工作，家里的经济靠妈妈开的小店维持生计。爸爸在家以后，孩子主要是他在照看，妈妈忙于生意，跟女儿相处的并不太多。孩子的爸爸因为仕途不顺，性格变化很大，每天在家里唉声叹气，除了抱怨所有的人，就是发牢骚，孩子上学后他也没什么事，妻子劝他出去找一份工作，可他拒绝了，他认为干什么都没劲，干什么也是给别人打工，不仅挣不了什么钱，还天天受人气。

妻子见劝他也没用，开始不搭理他，可就是眼看着他一天比一天消极，原来还出去溜溜弯儿，后来连门也不出了，几乎要与世隔绝了。

女儿回来，爸爸除了问一句考得怎么样？通常是没话的，妻子后来发现，孩子爸爸每天除了抱怨、牢骚，就是唉声叹气的情绪状态对孩子的影响很大，本来孩子就比较消极，可回来看到爸爸这样，她发现孩子更没精神了，经常一个人待在房间发呆，让这位妈妈特别心疼，不知道该怎么办才能够帮到孩子。

后来我让这位妈妈把爸爸带来，给他进行了心理测试，排除了他是抑郁症的可能，发现这位爸爸就是因为生活的变故，而导致的性格发生变化，他自己也知道自己的个性现在变得让人很难接受，可是他的性格对孩子的负面影响他却并不了解，他还以为女儿现在的这种性格是天生的。

2.性格消极的爸爸让孩子的性格也变得很消极。

在经历了几次心理辅导后，这位爸爸开始认识到自己爱抱怨的习惯和消极性格给孩子带来了很难弥补的影响和伤害，他非常后悔，也很着急，希望通过心理矫正尽快改变自己，也改变女儿。

其实爱抱怨、爱发牢骚的人就是这样一种性格习惯，通过积极的心理治疗和自己的调整，是完全可以改变的。我身边太多这种个案了。很多父母是因为孩子的性格问题来咨询的，通常问题一谈开就会发现，孩子的性格无一不带着家长的性格色彩，无一不是在家长的影响下，才变成今天这样的。

所以，积极乐观的父母通常会有一个积极乐观的孩子，而消极悲观的父母，他们的孩子也很难积极起来。而如果爱抱怨、爱发牢骚的是一位爸爸，你去看他的孩子，不管是男孩还是女孩，都会变得消极而爱抱怨。

与这样爸爸在一起，就像生活在没有阳光的世界里，因为抱怨和消极的生活态度就像黑夜，让孩子既看不到光明，也看不到希望，更看不到未来。这样的成长环境只会让孩子变得更加退缩，更加萎靡，缺少生命的朝气，很多孩子会在这样的性格影响中迷失自己。

爸爸的性格对孩子来说就像一只手，好的性格会牵着孩子往上走，让孩子学会热爱生活，珍惜生命，快乐地活着。而不好的性格，则会带着孩子往下行，让孩子丧失对生活的热情，不懂得快乐生活的方法，一辈子受坏性格的挟制，影响人生的发展，甚至影响生命的质量。

3. 性格有天生的基因，更重要的是后天的环境影响。

很多父母都认为性格是天生的，事实证明性格有天生的因素，但起决定作用的还是后天环境和父母的影响，这其中爸爸的影响非常重要。因为爸爸在孩子的生活里，意味着权威、信赖和崇拜，因此爸爸的性格对孩子来说就是可效仿的样板。

在孩子小的时候，他并没有判断能力，发现哪个是可以给他带来帮助的性格，哪个是会毁掉他的性格，性格对人的影响通常是潜移默化、不动声色的，孩子只会照大人的样子去做。

等你发现孩子的性格有问题，可能很多时候都已经晚了。所以，对孩子的性格教育和培养是非常重要的问题，需要引起父母的重视，尤其是爸爸，把你性格中好的一面传递给你的孩子，就是在为孩子的健康成长负责任，这是比什么都重要的职责。

Part 05

爸爸的做人底线
决定了孩子的做人底线

一、孩子到底需不需要底线教育

2013年4月16日，上海复旦大学医学院的高材生黄洋因化学药物急性中毒突然去世，年仅27岁。年轻的黄洋来自一个贫困家庭，他从小立志做一名医生，救死扶伤，可就在他研究生临近毕业的前夕，他却失去了年轻的生命。后来，在警方的侦破下发现，给黄洋下毒的竟是他同寝室的同学林森浩。

2014年5月，同是复旦大学医学院高材生的林森浩，因对同学黄洋下毒，并造成他死亡的严重后果被一审判处死刑，这出悲剧带来的直接后果就是，两个本来前途无量的医学院高材生，人生都被画上了句号，而原因仅仅是因为他们有点相互看不惯，曾经为琐事有一点矛盾。

这个案件在社会上引起了广泛关注，很多人不明白，一个受过很好教育的高材生怎么会为了一点琐事就杀人？而且，这个被害的人还是他同寝室的室友，他的同学？

1. 缺乏做人的底线让高材生沦为杀人犯。

实际上在我看来，此案的发生一个很明显的问题就在于，现在的孩子在成长过程中普遍缺乏底线教育的缘故。

害死同学黄洋的林森浩也来自一个比较困难的家庭，他的父母终日忙于生计，对孩子的个性成长很少过问，他们评价孩子是否优秀的唯一标准就是学习成绩。因此林森浩很努力，学习成绩一直很优秀，而他的父母也认为他们的儿子一路名校读下来，考试成绩名列前茅，理所当然是一个无可挑剔的好孩子。

林森浩的爸爸在孩子出事后也一度对媒体表示，从小到大，他很少和孩子沟通，甚至讲话都很少，他自以为孩子很懂事，知道努力学习，考得也不错，他认为孩子很少让他操心，以为儿子这样已经很优秀了，他对林森浩一直很满意。

其实是像林森浩爸爸这样的家长在目前的中国又何止千千万万，据我了解，大多数家长都把孩子的学习成绩、考试分数，当作衡量孩子教育是否优秀的标准，并为此而竭尽全力把所有关注都放在孩子的学业上，忽视了孩子品行和品格的教育培养，更漠视了对孩子进行做人的底线教育。

2. 漠视对孩子的底线教育会给孩子带来什么？

2014年8月，贵州一名10男孩，在家里看动画片的时候，因嫌楼外正在施工的工人太吵，竟拿来小刀把工人的安全绳割断一根，致使在八楼施工的工人悬挂在墙壁上三个多小时才被解救下来，三名工人命悬一线，经历了惊魂一幕。事后据说孩子的爸爸在民警的教育下给工人们道了歉。

2014年9月，江苏的两个男孩从楼房的高层往下扔石头，致使同一小区刚刚结婚三天的新娘被砸致死。在警方讯问时，一位已经承认是他扔的石块砸中新娘的那个男孩的爸爸，一口否定了他儿子的说法，拒不承认是他孩子干的，这位爸爸的做法引起周边许多居民的反感。

接连出现的恶性个案，使大家对这样的孩子有了一个统一的称谓，那就是"熊孩子"，可很多事情真的不是骂一句"熊孩子"就可以得到解决的，尤其是那些因为"熊孩子"的无底线作为遭遇重大伤害的家庭，怎么可以只用一句"熊孩子"来平复他们的伤痛呢？当"熊孩子"越来越多，越来越无法让人们提防的时候，我们该怎样让这些所谓的熊孩子不再如此伤害他人、伤害这个社会？

这实际上就是一个家长是否重视对孩子的品行教育，是否在孩子人生最初就对他进行底线教育的一个很重的理念。

3. 对孩子的底线教育是爸爸最重要的职责。

底线教育说白了就是生活的准则教育，也就是要告诉孩子，不管是在生活中还是在社会上，哪些事可以做，哪些事是绝对不可以做的。

比如林森浩的爸爸，如果他当初在孩子小的时候就经常告诉孩子，无论发生了什么事也不可以拿别人的生命开玩笑，无论你自己有多么不开心，也不能去伤害别人，甚至去剥夺别人的生命，这是在做人最起码的底线。我相信，如果林森浩在这种教育里耳濡目染，养成尊敬生命，敬畏生命，珍惜生命的思维习惯，他就不太可能再去发生这样可怕的错误，因为人的行为皆来自于思维方式的指导。

正因为在林森浩的脑子里缺少这样一个行为底线的弦儿，所以当他的自我意识膨胀，行为意识失控的时候，他就毫不犹豫地去做了，而且根本不会考虑后果。没有底线意识的人，常常是凭冲动去选择，想怎么做就怎么做，轻易就会突破所谓的道德与法律的界限，这也是他们人生常常出现让人无法理解的行为背后的原因。

还有那两个因为自己的行为对人造成伤害的"熊孩子"，他们之所以如此漠视生命，如此行为放纵，想怎么来就怎么来，也证实了在他们成长的过程中，家长太少或者根本就没有意识到对孩子进行底线教育的重要性，以至于他们小小年纪，行为就缺乏约束，屡屡闯祸。这样的孩子，如果家长不重教育，长大以后很难说会是一个什么样的状态，极有可能比现在还要行为放纵。

所以我认为中国的孩子太需要进行底线教育了，而这个教育由父母来进行是当务之急。孩子是正在成长的事物，如果缺乏了底线教育，他的行为可能会处于失控状态，长期行为处于失控状态，他的思维就会变得如脱缰野马，一切只按自己的想法来进行，这样的孩子一旦走上社会，是一件很麻烦的事情，缺乏做人的底线通常会使他行为出格、人品糟糕，没有人会愿意和这种人打交道。

实际上大家现在一直在微信朋友圈唾弃的"垃圾人"，就是这样一种行为缺乏底线的人。我相信任何一位父母也不愿意自己的孩子，将来成为被社会拒绝的"垃圾人"，而底线教育正是让你的孩子避免成为"垃圾人"最不可缺少的教育。

二、爸爸的底线在哪里孩子的底线
就在哪里

　　有一次在停车场，我亲眼目睹了这样一位爸爸，他从车位上往外倒车，可能由于技术欠佳，把停在他车旁边的一辆车撞出了一个大坑，这位爸爸看到旁边的车被撞以后，发现停车场没人，他踩了油门就想走，可是保安在监控中看到了这一切，在他出门的时候拦下了他。

　　结果这位爸爸拒不承认是他撞了旁边的车，并且和闻讯赶来的被撞车主打了起来，最后保安报警，这位爸爸被警察带走了。这件事最后不知是什么结果，但让我印象深刻的是，这位爸爸的孩子一直坐在副驾驶座位上看着这一切。那是一个大约5、6岁的男孩，我想如果他的爸爸不给他解释这件事情的本来面目，到底是谁错了？我相信这个男孩一定会认为他爸爸是对的，错的是别人。

　　这对孩子来说是一件可怕的事，因为他会把这种认知带到他成年以后，当他长大后遇上这种事，他也会和他的爸爸一样，在撞了别人的车以后选择逃逸，因为他认为这样做是对的。

1. 爸爸做人没有底线孩子做事就会缺乏底线。

　　这实际上就是一个很直观的关于爸爸做人底线的问题，也就是说爸爸的底线在哪里孩子的底线就常常在哪里，爸爸做人缺乏底线，孩子就不会懂得做人的底线。

　　我曾经采访过一个因报复同学而被判入狱的少年犯，这个男孩只有16岁，却因为杀害了自己的邻居——同班同学被判无期徒刑。在跟他的交谈中，他几次谈到爸爸对他行为的影响。

男孩的爸爸是一个生意人，在外边结交了很多朋友，可是他发现爸爸的朋友都很不稳定，今天跟这帮人在一起，明天可能就换成了那帮人。而且爸爸是一个很爱用暴力解决问题的人，跟朋友在一起经常是吵吵闹闹、打打杀杀，今天报复那个，明天报复这个，这让孩子很小就认为人与人之间的相处就是这样，朋友之间也是这样，好就在一起，有了矛盾不是相互谅解，而是想办法报复对方。

于是在他上了中学以后，他最要好的一个同学，也就是他家邻居男生，考上了他们当地最好的中学，两个人的关系渐渐疏远，因为爸爸经常骂他没有那个男生有出息，好容易上了高中，还是家里为他花的钱。爸爸经常拿那个男生来嘲笑他，让他感觉很没有尊严，于是他迁怒于那个男生的存在，在一个凌晨潜入男生家，把男生也就是他曾经最好的朋友给杀死了。

事情发生后，他因为未成年，被判了无期徒刑。事后他无数次反思自己的行为轨迹，总觉得是爸爸做人的方式和处理问题的方法给了他很深的影响，让他误以为像爸爸那样的做法是对的，并且是唯一正确的。

2. 爸爸应该是那个为孩子建立准则和原则的人。

为什么孩子通常会在爸爸做人的底线上受到影响？这是因为与母亲相比，母亲的慈爱甚至是溺爱，往往无法让孩子树立规则与约束的概念。而爸爸在家庭里就意味着原则与监督，一个有威严的爸爸是孩子行为约束力的来源。而一个无法树立自己威严的爸爸，是没办法管教好自己的孩子的。

因此爸爸做人的底线，对孩子来说就是自己行为约束的底线。如果爸爸做人缺乏底线，或者底线很低，孩子就会和爸爸一样是一个缺乏底线约束，或者把自己的做人底线放得很低的人。

3. 摔婴犯韩磊为什么会如此凶残？

2014年10月，在社会上引起很大反响的北京大兴摔童案主犯韩磊被执行死刑。这位因与孩子母亲发生争执，竟抓起婴儿车里的幼儿狠狠摔死的凶徒，他的凶残曾经引起整个社会的口诛笔伐，一时间臭名远扬，而他被判死刑也是在大家预料之中。

而对于韩磊的父母来说，从知道儿子犯罪到接受儿子被判死刑的结果，却经历了漫长而艰难的过程。尤其是对于韩磊的爸爸来说，他的痛苦不亚于自己的儿子，儿子出事以后，70岁的他曾经7次登门，向被害者家属谢罪。

后来在媒体的采访中，他一再说，儿子走上犯罪道路都是他这个做爸爸的责任。原来，这位爸爸在儿子还没有出生的时候，就支援三线去了四川工作，这一去就是12年，等他调回北京的时候，韩磊已是个劣迹斑斑的少年。

从14岁因盗窃被劳教，到18岁因打架被拘留，再到后来因盗车被判无期徒刑，韩磊的身边看不到爸爸的存在，连他爸爸也说儿子基本上是在单亲家庭里长起来的。没有爸爸管教的韩磊缺乏做人的底线，从未成年开始就屡屡突破法律的约束，屡屡遭到法律的制裁，最终，还是输在了自己做人做事缺乏底线的人格上。

韩磊的人生经历再一次证明了一个事实，那就是爸爸在孩子成长中的重要性，而他的爸爸也正是因为一次次缺席了孩子的成长关键期，等他回到北京能够跟儿子生活在一个屋檐下生活的时候，他的儿子早已经误入歧途，成为一个很难回头的浪荡子。

4. 爸爸对孩子的底线教育是孩子平安一生的保障。

爸爸放弃对孩子的教育责任，跟爸爸从来不会对孩子进行底线教育一样可怕，最可怕的结果就是，孩子走上社会后，突破底线的行为毁了别人也毁了他自己。

所以，作为一个爸爸，你做人的底线很重要，因为你时时刻刻在给孩子带来思维和行为上的各种影响，这种影响基本上是终生的。它决定了孩子成年以后的做人水准，这是孩子成长中最重要的教育，忽视了对孩子进行做人底线的教育，就会造成孩子行为缺乏约束力，而这是孩子成年以后最影响他生存质量的一个硬件。

在任何社会，一个有底线的爸爸一定比一个缺乏底线的爸爸，更受社会的尊重，而无论你的孩子多么优秀，缺乏做人的底线，会让他很难融入社会，甚至被他身边的社会所拒绝，这样的人生，相信是无法让人满意的。

做一个有底线的爸爸很重要，而做一个懂得教育孩子遵守做人的底线，不会轻易就突破规则去触犯道德和法律底线的人更加重要，因为这是孩子一生的保障。因为事实证明，爸爸的底线在哪里，孩子的底线就在哪里。

Part 06

爸爸的品位
影响孩子的品位

一、爸爸是一个有品位的人，孩子
的品位也会不错

品位其实就是一种对生活的态度，是一种如何生活的方式。这其实是随着我们的生活进入小康水平后，随之而来对我们的一种要求。现在中国人富裕了，出国到处旅游，但走出国门的中国人近年来却形象不佳，其中一个很重要的原因就是，很多中国人虽然有钱却缺乏生活的品位。

1. 出国旅行只是为了追买奢侈品的父母给孩子带来了什么？

前不久，我跟随一个旅行团去美国旅行，一路上看到的那些父母和孩子，感触颇深。这都是一些比较富裕的家庭和孩子，他们最热衷的是在美国购物，尤其是对那些奢侈品商店趋之若鹜。有一个12岁的小女孩，一下子让爸爸给她买了十几套名牌服饰，几双名牌鞋子。一个8岁的男孩，几百美金一顶的帽子，也一下买了好几顶，中国父母给孩子购买奢侈品的热情让那些美国的售货员也一再表示惊愕。

可这些逛奢侈品店十几个小时都嫌不够的孩子，到了参观博物馆的时候，个个都昏昏欲睡，不想下车，只想在大巴上睡觉，而他们的父母只好在大巴上陪着他们。这样的事情发生的多了，我就感觉这应该不是偶然的问题，而是父母的品位直接影响到了孩子的品位问题。实际上我已经多次在父母课堂上向家长们建议，现在生活条件好了，有钱了，家长有这个财力和意识带孩子出国旅行，见见世面，开阔一下眼界是一个特别好的事情。

但我特别不赞同父母带孩子出国就是为了去奢侈品店扫货，这种行为特别不利于孩子良好品位的建立，而缺少品位的孩子，即使从头到脚都是名牌，奢侈品武装到牙齿，也很难得到别人的尊重和社会的认可。

我建议父母们带孩子出国，一定要去看看那些异域文化，那些不同的历史，还有跟我们不一样的生活方式。比如去法国，了解一下法国的咖啡馆文化，观察一下法国女人的优雅来自何处？去意大利，了解一些意大利跟我们一样久远的历史，了解一下意大利为什么会成为世界时尚之都背后的故事……这些文化的积淀，远远比那些所谓的奢侈品更会让孩子受益，也更能提高孩子的品位。

真正有品质的生活一定不仅仅是由物质决定的，物质享受带来的快乐往往很短暂，因为马上会有新的物质替代它。而精神的享受却是持久的，会越来越丰厚。

2. 太多的中国父母只把物质当作最重要的追求。

现在的孩子为什么大多数不快乐？就是因为他们物质上的享受很容易得到满足，但精神上却很空白，因为他们的父母大多数不太懂得带领孩子去探讨一些精神层面的东西。很多父母会认为，他在物质上满足孩子，孩子还会有什么不满足？

乐乐的爸爸是一位设计师，他在女儿很小的时候，就注意培养孩子对生活的感觉和品位，寒暑假经常带孩子出去旅行。每次出发前，他必定会和女儿一起在网上寻找那些可以去参观的博物馆、图书馆。虽然他的女儿也会喜欢去逛那些名牌店，但她去做得最多的是去观察人家的设计，分析这种设计背后的艺术理念，时间一长，只有10岁的乐乐已经是一个很有品位的小女孩。

她很少穿名牌，但自己搭配的衣服回头率很高，爸爸的朋友来做客，她说起国外的博物馆如数家珍。现在爸爸的很多设计都要让她过过目，因为，乐乐的灵感显然更有品位。

孩子的品位决定了他将来的生活质量，更决定了他的生活方式，一个有品位的孩子懂得什么是真正的美，会创造真正的美。而一个缺少品位的孩子，则会把生活搞得很没有品质，有时候这跟他是否有钱没有直接关系。

3. 爸爸的品位直接决定孩子的生活方式。

一个有品位的爸爸，不仅会教会孩子如何享受生活中的美，更会让孩子选择适合自己的生活方式。为什么现在全世界都很喜欢中国人的钱包，却不那么喜欢中国人？就是因为中国人虽然有钱却缺少相应的品位，这使他们的行为有时很难让人接受。

有的中国人在国外举止粗鲁，缺少礼貌，一副暴发户的状态。有的中国人处处喜欢突破规则，扰乱秩序，炫耀自己，这些都是极缺少品位的表现。没有品位的中国人，即使富有起来也很难得到世界的认同，这让我们的社会形象大大受损，也给国家的声誉带来了负面影响。

教育我们的孩子成为一个有品位的人很重要，可以有助于让他们以崭新的形象参与未来的国际竞争。在我看来，中国孩子缺的不是物质，也不是勤奋的精神，更不是聪明才智，他们最欠缺的就是品位，一种对高品质生活的理解，一种精神层面的丰满。

想让孩子成为一个有品位的人，爸爸的品位很重要，通常是如果爸爸的品位不错，孩子的品位也差不到哪儿去。

二、富二代为什么爱炫富？通常是
因为他们缺少一个有品位的爸爸

前段时间，微博盛行的时候，许多人通过微博就干了一件事儿，那就是炫富。今天晒他的顶级跑车，明天秀他的奢侈品，后天又展示他纸醉金迷的私生活，这些人通常是年纪不大，口气却不小，有意无意的故意透露他们的身份，某某企业家的儿子或女儿，简单点说就是富二代。

要是光秀秀他们富裕的生活也就罢了，没有人会对他们感兴趣，关键是他们是不断闯祸的一个群体。刚刚有一个富二代在街头驾跑车把行人撞死，接着又有一个富二代因为杀妻被判死刑，国内的富二代正闹腾个没完，在国外的富二代又开着玛莎拉蒂超速加闯红灯，被美国警察逮捕起诉，富二代不仅在国内坑爹，到了国外也照样丢人加坑爹。一时间要骂人就骂他是富二代，富二代的形象基本成了坑爹加败家的代名词。

1.富二代为什么形象这么差？

为什么这些富家子弟会变成这样？为什么他们在物质丰厚的家庭里照样是那么没教养，没有责任感，甚至那么没有品位的长大了？唯一的答案只能是这样，这些富二代，从一开始就缺少一位有品位的爸爸，一位根本不懂得什么样的生活方式，才会让孩子成长的很健康的爸爸。所以他们的孩子会很没有品质，这些除了会挥霍钱财、炫富闯祸的富二代，在所有的生活方式中选择了让他们的人生最糟糕、最无法获得人们尊重与认可的一种，你不能说不是他们爸爸的失败。

由于中国经济发展的特殊性，这些富二代的爸爸大多并没有受过太好的教育，很多人是靠着勤奋、吃苦打拼成功的，还有很多爸爸在自己攫取财富的过程中，根本没有时间陪伴孩子，更谈不上教育孩子。所以，在他们创业成功以后，他们对孩子的补偿心理特别严重，基本上是期望用物质来弥补他们对孩子的那些亏欠，这也是这些富二代动辄就开着顶级跑车呼啸街头的原因之一。

另一方面，这些除了有钱却并没有多少品位的爸爸，通常也是爱炫耀的品位，没有几个人会懂得什么叫真正的低调。奢侈品加身，名车出行这些都是必须的，这在很大程度上影响到了孩子的审美。中国的富二代者之所以如此高调，之所以如此喜欢炫富，跟他们爸爸的行为有直接关系。

所以大多数人只看见了这些富二代的行为，却忽视了爸爸在他们的成长过程中给孩子带来的影响。可以说是这些爸爸的生活品位决定了他们孩子的品位，是这些爸爸选择的生活方式决定了这些富二代的生活方式。

而在国外你就很少会看到这样的情形，孩子开着用爸爸的钱买来的豪车，到处招摇。在奢侈品店用爸爸的金卡挥霍着。对于国外的孩子来说，有一个有钱的爸爸只能说明你是一个幸运的人，别的并不能证明什么。你既不能什么也不干，躺在爸爸的财富上享受人生，也不可能把爸爸的财富据为己有。爸爸的财富是爸爸的，如果你是一个什么也不想干，只想挥霍爸爸的财富的人，那你就是可耻的，会被人看不起。

我认为这就是一种品位，一种做人的品位。在国外即使很富有的爸爸，也不会轻易就让孩子去拥有，他不需要付出劳动就可以得到的生活，他们认为那样无助于孩子的独立成长，会让孩子养成不劳而获的习惯，正是国外这些富有的爸爸的品位，才让他们的孩子一代一代比他们更强，能够把爸爸的事业传承下去。

2. 创一代后继无人是谁的失败？

而在中国，到现在为止，大多数创业的爸爸已基本进入退休年龄，但是他们后继无人。很多企业家打拼半生却蓦然发现他们的身后并无来者。他们的孩子挥霍还可以，继承家业基本没戏，不是吃不了苦，就是不愿意受束缚，不愿意去从事他们父辈所从事的事业，或者根本就没有耐心去做一份事业。这是目前很多创一代爸爸最大的苦恼。

实际上这种局面是谁造成的？我认为不能怪孩子，他在不用付出任何代价的情况下，就轻松拥有了他想拥有的一切，爸爸的财富他随时可以享用，那他为什么还需要去付出劳动呢？

正是中国父母对孩子的这种缺少生活品位的养育，造成了他们的孩子对自己人生方向的迷失，富二代的根本问题不在他们自己本身，而是在他们的爸爸身上。因为他们的创一代爸爸缺少生活的品位，所以，这些富二代虽然不缺物质，他们却过得并不让人尊重，甚至成了家庭教育失败的代言人。

三、有品位的爸爸会让他的孩子更
受社会的尊重，生存的更有尊严

在任何社会，一个有品位的爸爸都是受人尊敬的。爸爸的品位很大程度上来自他对生活方式和做人方式的选择。

1. 乔布斯的养父成就了他传奇的一生。

美国传奇人物苹果公司的创始人乔布斯是一个非常聪明又勤奋的人，他的人生座右铭是，如果我不改变世界，那我们来干嘛？虽然他英年早逝，但在他短暂的一生中，他不仅创造了奇迹，使苹果手机成为世界上最受欢迎的电子产品。他还改变了世界，使人们发现还有那么多可能需要我们去创造，他把一个电子产品的品牌做成了一种文化，跨越了国界和种族，说他是一个非常杰出的人，应该是不夸张的。

可乔布斯的人生最初却充满了混乱，因为他是被收养的孩子，所以他一直痛恨自己的生父，认为他遗弃了自己的孩子。而让他的人生摆脱了混乱，走向了创造的却是他的养父保罗，是养父从一开始就对他不离不弃，不管是他在叛逆的时候，还是他执意要从大学退学的时候，养父都耐心地与他沟通，尊重他的想法，甚至支持他的选择，给了乔布斯自由选择自己人生的空间和时间。

同时养父保罗还把自己喜欢机械和制造的兴趣和爱好传给了乔布斯，这种创造的精神后来成为乔布斯把苹果手机通过创新带上国际舞台最重要的动力。

乔布斯的养父虽然是个普通的蓝领，但他却诚实、守信，对孩子尽职尽责。尽管乔布斯是他收养的孩子，但他仍信守对乔布斯生母的承诺，尽一切努力攒钱把乔布斯送进了大学校门。在乔布斯因为厌倦了无聊的大学学业，说什么也要退学以后，他依然非常尊重养子的选择，并且在乔布斯迷茫、颓废的时候，给了他非常及时的引导，鼓励乔布斯振作起来，重新开始走自己喜欢的人生路。

可以说是乔布斯的养父，这位既不富有也不显赫的普通爸爸，给了后来成为业界天才的乔布斯人生最大的激励，让他从迷茫的生活中逐渐找到了自己的方向，并且再也没有动摇过。

在乔布斯的自传中，他用大量的篇幅写了他的养父，充满了敬仰和感激。而他的生父是一位成功的叙利亚餐馆经营者，对于他，乔布斯终生痛恨。不仅仅因为当年他遗弃了自己的儿子，重要的是作为爸爸他从来没有在成长的过程中帮助过自己的儿子。乔布斯和他的生父只意外的见过一面，此后，直到他生命的最终时刻，他都拒绝和爸爸正式见面，虽然他知道自己的亲生爸爸，就是那位他去过一次的叙利亚餐馆的老板。

2.只有中国的某些爸爸认为孩子可以不劳而获。

所以，一位爸爸的品位，一定并不完全由他拥有的物质财富所决定。中国有太多富有却缺少品位的爸爸，所以中国的富二代们才会如此让人失望和遗憾。这已经成为中国独有的现象，说到底富二代们的生活方式和品位是由他们的爸爸决定的。

是他们的爸爸认为他们的孩子可以不劳而获，因此你可以看到一个20岁的中国留学生可以开着玛莎拉蒂跑车，在美国的街头招摇过市，引来无数侧目。

你还可以看到，他们的孩子已经成年却可以每天无所事事，以天天泡夜店，换姑娘为自己的主业。你还可以看到，那些吸毒、挥霍、淫乱的场面里都少不了富二代的身影，我不相信他们的生活状态，他们的爸爸看不到，或者没有耳闻，但你没看到有一位爸爸会出面制止自己的孩子。

其实对于这些爸爸来说，想让这些孩子停止挥霍很简单，断了他们的经济来源就可以，想要高大上的生活就要自己去付出劳动，这就是对孩子最好的教育。遗憾的是这样的爸爸到目前为止闻所未闻，可是这些爸爸真的不知道，如此纵容自己的孩子并不是一件好事，不光他自己的事业会后继无人，对这些孩子来说离开了爸爸的财富他寸步难行，根本无法生存下去，这样的人生值得骄傲吗？

3. 比尔·盖茨也曾经说不会把太多的金钱留给孩子。

　　世界首富比尔·盖茨拥有几百亿美金的财富，可是他的孩子仍然上普通的学校，吃普通的食物，过和普通孩子一样的生活。早在很多年前，比尔·盖茨就成立了基金会，在全世界范围内做慈善，他多次对媒体说，他不会给孩子留下太多的钱，他会支持孩子上最好的大学，给他们付学费，但接下来的人生孩子们要靠他们自己，他绝不希望看到自己的孩子只能靠爸爸的钱度过人生，如果那样，他会觉得自己是世界上最不成功爸爸，因为，他毁了孩子的一生。

　　我觉得不管是乔布斯的养父，还是世界首富比尔·盖茨才是真正有品位的爸爸。他们在全世界的范围内都收获了尊重和仰慕，不仅仅是因为他们的财富，最重要的是他们做人的品位。而作为他们的子女，他们的孩子也同样会因为有一个有品位的爸爸而获得他人的尊重。

　　中国的富二代们，为什么总是获得负面的掌声? 为什么一出场总是不会带来好消息? 我相信应该反思的是他们的爸爸，是这些拥有了财富却并不具备真正品位的爸爸，用他们替孩子选择的生活方式、做人风格，剥夺了富二代们获得人们和社会尊重的机会，有可能还将富三代的生活也毁于一旦。没钱不算成功的人生，而有钱没品位人生也很难成功，想要人生真正的成功，首先做一个有品位的爸爸吧!

Part 07

爸爸的爱好和兴趣
影响孩子的爱好和兴趣

一、爸爸的爱好和兴趣积极健康，孩子就会拥有积极健康的爱好和兴趣

我有一个记者朋友，他的爱好是跑步，不管酷暑寒冬，只要不出差，他就会坚持每天晨跑一个小时。在他的女儿六岁时，他开始带着女儿跑步，女儿由此喜欢上了运动，后来成为了篮球队的主力，还入选了国家青年队，成为不错的好苗子。

1. 的哥的孩子成了小作家。

16岁的孙睿是一个高二的学生，可是他却已经写了两部历史小说，不仅在网络上很受欢迎，出版的纸质书也卖得非常好，暑假里他用自己的稿费安排了一次欧洲之旅，没花父母一分钱，却把欧洲玩儿了个遍，书是他利用业余时间写的，因此他的学习一点也没耽误。

一个16岁的少年会写历史小说，很多人不信，可是孙睿的爸爸却相当欣赏儿子的才华。孙睿喜欢历史、喜欢看书其实都是受了爸爸的影响。虽然他爸爸只是一个普通的士司机，但他酷爱历史、喜欢藏书，工资的一大半都买了历史书籍，爷俩在家交流得最多的就是对历史事件的看法，而儿子的很多灵感就是在与老爸的探讨甚至是争论中产生的。

一个出租车司机的儿子成为一个小小年纪就对历史颇有见地的小作家，这不能不说是一个奇迹，但这个奇迹的创作者就是孙睿的爸爸。和他一起出车的同事不是爱喝酒就是爱打牌，但孙睿爸爸的爱好一直没有变，就是喜欢看历史书，研究历史事件，这是他的兴趣，更是他的追求。

他总是跟儿子说，小的时候他的爸爸就是一个普通工人，但爸爸喜欢看书的爱好深深影响了他。虽然因为家贫他只读完了高中就工作了，但他对历史文化的兴趣一直没放下，读书是他用来打发业余时间最好的方式。

让他没想到的是对儿子的影响，儿子小的时候很皮，很难安静下来，他就随他去，常常是带儿子去公园，儿子在草地上疯跑，他就坐在椅子上看书，没想到，儿子进入青春期以后突然安静了下来，一眨眼的工夫就把爸爸的藏书读了个遍，然后，儿子催着爸爸不断买新书。

后来，孙睿爸爸发现儿子真的迷上了读书，他开始去国家图书馆借书给儿子看，儿子自从喜欢上看书以后，学习成绩也好了起来，因为他知道读了大学以后会有更多的书可以读，自从有了学习的自觉性，儿子的学习真的再也不需要父母管了。

对儿子的变化，孙睿的爸爸深有感触，那就是自己爸爸的爱好影响了他，而他的爱好又影响了自己的儿子，这是他原来没想到的。

这实际上是孩子成长过程中非常自然而正常的事情，孩子来到这个世界上，他最开始的行为就是模仿，而父母是他最早的模仿对象。所以在兴趣及爱好的这些事情上，父母对他的影响几乎起了决定性作用。

2. 妈妈在生活上影响孩子，而爸爸会更多影响孩子的精神教育。

而这其中最大的影响力一半来自于爸爸，因为妈妈往往负责孩子的饮食保暖，对孩子的很多事情她根本就顾不上，而爸爸通常是可以在精神和行为上引导孩子的那个人。就像孩子小的时候，他一般见到妈妈就要抱抱，跟爸爸在一起他却喜欢嬉戏打闹，跟爸爸做游戏，跟爸爸做运动，孩子跟爸爸的互动常常是精神层面的要求更多一些。

正因为孩子对爸爸的要求更多的是精神上的，因此一个有积极追求和良好兴趣爱好的爸爸，一定会给孩子带来更好的影响，甚至会直接影响到孩子长大以后的人生选择。

爱好和兴趣看上去是一件小事，但却基本决定了孩子的追求，当爸爸的爱好与兴趣是积极向上的、富有追求的，孩子也会受爸爸的影响，他的爱好与兴趣一定也是很有追求的。

有时候这跟爸爸的身份地位无关，重要的是爸爸要有这个意识，注意在孩子小的时候，就注重对孩子进行这方面的培养，兴趣与爱好的养成通常都是潜移默化的，结果不需要刻意为之，很多东西都是水到渠成，对孩子来说是一个自然的过程。

　　作为一个爸爸最重要的是保持自己的追求，只要你的兴趣和爱好是健康的、积极的、能给孩子带来正面影响的，你就坚持做下去。有可能你的孩子在最初并不感兴趣，但如果你能经常和孩子交流探讨这其中的乐趣，把你的收获经常和孩子分享，你的精神状态可以感染孩子，你的收获也可以让孩子引起兴趣，都说很多爱好与兴趣是后天培养的，对于孩子来说的确是这样。

二、爸爸吸烟、酗酒、打麻将、沉迷网游、低级趣味会给孩子带来极为不良的影响

中国目前有烟民3.5亿，是世界上烟民最多的国家，这其中青少年烟民包括尝试吸烟的青少年有约4000万人。在卫生部门近年所做的抽样调查显示，在大学、高中和初中的男生中，吸烟的比率分别高达46%、45%和34%。中国是目前世界上因吸烟导致的死亡率最高的国家，而烟民的平均年龄也在不断降低，初始吸烟的年龄1996年比1984年提前了三岁，调查中年龄最小的烟民只有七岁。过去吸烟的大多是男生，而现在女生的吸烟率也很高，在成都的调查中发现，女生的吸烟率高达20%。

1. 九岁女儿的肺癌是怎么来的？

不久前，山东的一个九岁女孩被发现患上肺癌，发现时就是晚期，孩子的胸腔长满了肿瘤，病情让人触目惊心，连见惯了各种病症的医生都惊讶不已。后来经过医生的病因调查，发现女孩的爸爸已经酗酒多年，而且每天至少要吸两包烟，女孩的肺癌主要是因为被动吸进了大量二手烟所致。这位爸爸即使在妻子怀孕的时候也天天吸烟，从来没有避开过。

为什么爸爸吸烟的事要说这么多？因为大量调查显示，爸爸吸烟的孩子大多数会在成年以后选择吸烟，有不少孩子甚至在未成年时就已经偷偷有了吸烟行为。

就目前的医学观点来看，吸烟有害健康，污染环境，不仅伤害自己的健康，还会伤害别人的健康，这已是经过证实的事实。每年死于吸烟的人群一直有增无减，近几年肺癌的高发除了大气环境的恶化，吸烟已成为最大的杀手。

2. 酗酒的爸爸更可怕。

与吸烟一样，酗酒也是一种恶习。目前，中国男女饮酒率分别为84%和29.3%，这当中有16.1%的男性有每天喝酒的习惯，一方面酒精依赖者在不断增多，一方面我国每年有114110死于酒精中毒，致残2737000人。

王哲是一位来自四川的爸爸，他本身患有肝炎，按理说他不能沾酒，可他却因为多年的习惯，酗酒成性，一次又一次暴饮，在一次暴饮以后，他的肝炎复发，病势来得凶猛，虽说医院尽力抢救，还是丢掉了性命。

他的儿子只有15岁，就这样失去了爸爸，让孩子母亲担忧的是，虽说孩子才刚到青春期，但似乎也染上了酒瘾。妈妈不允许他在家里碰酒，他就经常夜不归宿，和一帮社会上的青少年在大排档喝酒。有一次，他在外喝酒让妈妈碰上了，母亲跪下来求他回家，别再喝了，他却赶母亲走，似乎喝酒的事比妈妈伤心更重要。

当这位母亲在我的亲子教育课堂上哭诉自己儿子的时候，我相信一定是那位爸爸的影响才使这个只有15岁的少年，也在踏上和他爸爸一样的不归路。我说过，爸爸积极健康的爱好和兴趣，会给孩子正向的影响。而像爸爸吸烟、酗酒这样的恶习，也一样会影响到孩子的选择。让人担忧的是，在中国家庭里，这样的爸爸很多很多。

3. 爸爸可以不给孩子留下财富，但不能留下恶习。

我曾经在亲子教育的课堂上，跟很多父母分享，当孩子来到你的生活里，他的人生就是父母的责任，他是否能成为一个健康、积极、拥有良好生活习惯的人基本上是由父母决定的。

尤其是对一位爸爸来说，你可以很平凡，也可以不富有，但如果你能够把自己健康、良好的生活习惯传递给孩子，给孩子一个有保障的人生，你就不需要有遗憾，因为你尽到了责任。

而吸烟酗酒的爸爸首先自己的人生缺乏健康保障，其次这种不良的生活习惯很容易给孩子带来影响。很多孩子在他成年以前，缺乏对这种恶习的正确认知，他会因为对爸爸行为的认同和接纳，甚至是模仿，重复爸爸的行为。等他成年以后发现这并不是有益的行为时，习惯已经养成，再去改变通常会很难。

我看到很多中国的爸爸在妻子怀孕后，照样在妻子面前吞云吐雾，一点也不在乎，这真的是对孩子很不负责任的一种行为。吸烟有害健康，对胎儿的伤害更大，这是众所周知的，我真的很希望孩子的妈妈对爸爸的这种行为懂得说不，懂得让孩子的爸爸为孩子和家庭负责。

4. 没有好习惯的爸爸会有好习惯的孩子吗？

前不久，我去外地一所学校讲课，课一讲完，很多父母围过来，问我孩子不喜欢学习怎么办？我问一位妈妈，孩子在学习时她通常在做什么？这位妈妈理直气壮地说："看电视剧啊"。我又问一位爸爸，孩子学习时他一般在干什么？这位爸爸不假思索地说，"打牌，或者搓麻啊"。

看着这些都认为自己行为没有任何问题的父母，我不由得问他们"总是希望孩子在学习，而你们做父母的不是看电视就是搓麻将，很少有学习的习惯，这样缺乏学习氛围的家庭，能养出来喜欢学习、自觉学习的孩子吗？"很多父母顿时都沉默了。

我曾经跟一位小学三年级老师交流过，她的班上大概有30多个孩子，其中十几个学习不错的孩子，十几个学习一般的孩子，还有八九个学习比较差的孩子，这些学习较差的孩子资质都没问题，就是缺乏学习的主动性，不喜欢学习，甚至厌学。

为了这几个成绩较差的孩子，老师很着急，不断进行家访，希望家长重视孩子学习习惯的培养。可是，到了孩子的家里一看，老师很失望，因为孩子的家长真的很不在乎孩子的学习环境，尤其是孩子的爸爸，在家里不是喝酒打牌，就是搓麻聊天，有的爸爸的麻将桌就在孩子的书桌旁，孩子一边写作业，一边看着爸爸和朋友搓麻。

跟这样的爸爸一聊天，他根本不觉得这样会对孩子有什么不好的影响，甚至有的爸爸还会说，孩子不喜欢学习是他天生就不爱学习，跟他搓麻没啥关系。还有的爸爸会说，他在家里跟朋友喝酒打牌，也是一种社交，孩子在旁边看看爸爸怎么交朋友也是一件好事，不会影响孩子的学习。

我相信这些一定都是这些爸爸的真实想法，他们也许真的想不到自己的这些兴趣和爱好，会对未成年的孩子造成什么样的影响。可是我想说的却是，爸爸们，你们真的错了，喝酒、打牌、搓麻这些行为对成年人来说的确不算什么，但对于缺乏判断能力的孩子来说，这些行为无法对他们有更好的影响。

如果爸爸的兴趣爱好全在这上面，那你就别指望你的孩子是一个热爱学习、成绩优秀的好学生。因为这样的生活通常不会给孩子带来太好的学习环境和氛围，也更不会让孩子养成喜欢学习的习惯。贪玩、喜欢有趣的事物是孩子的天性，与学习相比他会觉得爸爸在做的事情更有意思，也更好玩儿，尤其是那些书桌就在爸爸的牌桌和麻将桌旁边的孩子，他会对爸爸更加关注，而对学习毫无兴趣，时间一长养成习惯，厌学是必然的。

所以很多家长只知道自己的孩子不喜欢学习，却从来不知道了解一下孩子不喜欢学习真正的原因是什么，盲目指责孩子、抱怨孩子，甚至想要放弃，这实际上对孩子来说是很不公平的一件事。

5. 爸爸的不良习惯和兴趣会影响孩子的行为。

当然爸爸的爱好与兴趣是爸爸的，只要不是特别过分本也无可厚非。可如果你想给孩子好的、积极的影响，就应该在这些兴趣爱好上有所取舍，至少有些行为在孩子面前有所克制和注意，不适合孩子成长的行为，会对孩子产生不良影响的行为，尽量避免让孩子正面接触，或者减少让孩子接触的机会。

我曾经采访过一些青少年罪犯，他们或因为盗窃，或因为抢劫和强奸被判刑，年龄大多在16～19岁之间。跟这些小小年纪就身陷囹圄的青少年交流，我最深刻的感触就是，他们走上犯罪的道路，家庭的影响最直接。

他们当中有不少孩子来自单亲家庭，一些孩子是跟着爸爸一起生活的，在这其中爸爸吸烟酗酒、爱好打牌搓麻的占大多数。这些孩子从小就在这样的环境中生活，大多数未成年就开始吸烟喝酒，有不少初中没毕业就辍学，每天无所事事，在网吧、牌桌上打发时间，兴趣爱好跟他们的爸爸如出一辙。

在这当中还有一些孩子在牌桌上染上了赌博的恶习，盗窃、抢劫的犯罪行为由此而生，看着这些一脸稚气，却因犯罪只能待在监狱里接受改造的孩子，我真心觉得是这样的爸爸太不负责任，影响了孩子的一生。

我一直认为既然你选择了做爸爸，就应该对孩子的人生负责，有些事情不能只按自己的喜好来选择。做爸爸也需要你付出一些代价，做出一些有益于孩子成长的改变，否则孩子出了问题都无法弥补，因为有些事是无法挽回的。

　　我建议有吸烟酗酒、打牌搓麻甚至赌博这些不良兴趣与爱好的爸爸，真的需要从对孩子的影响角度出发，适当进行一些改善或者是改变，尽量做到在孩子面前少流露出这些行为，或者对孩子有一些合理的解释，让孩子知道这并不是一些特别好的习惯，让孩子认知这其中的危害，将对孩子的影响降到最低。

　　爸爸的爱好与兴趣对孩子的影响是非常大的，很多爸爸总是责怪自己的孩子不喜欢学习，成绩很差，认为是孩子自己的问题。可是在老师的家访中早已发现，家庭里缺乏学习的氛围，父母的生活习惯不良，学习环境较差，父母有不良嗜好，这些都是造成孩子缺乏学习兴趣，学习习惯不好，学习成绩很差的主要因素。

　　最重要的是爸爸的不良爱好会对孩子的品格和行为造成无法弥补的影响，很多爸爸发现孩子的行为和品质有问题时，孩子已经进入青春期或接近成年，这个时候孩子的行为习惯已基本形成自己的模式，要改起来也很难。所以不要让孩子染上坏习惯、或不良嗜好的最好方法就是爸爸及时调整自己的行为习惯，尽量避免给孩子带来不好的影响。

三、爸爸良好的爱好和兴趣不仅可以
使孩子积极参与，也可以造就孩子一
生的事业

1. 是爸爸成就了科学家杨振宁。

著名的物理学家杨振宁是世界上第一位获得诺贝尔奖的华人科学家，他在晚年的时候经常回忆起爸爸对自己一生的影响。他说自己的爸爸原本是一位数学教员，在美国获得博士学位后，回国在清华任大学教授，教的也是数学。

爸爸一生酷爱数学，因此对杨振宁的启蒙也是从数学开始的，在杨振宁很小的时候，爸爸就开始引导他懂得欣赏数学的美，数学的力量和数学的作用，可以说杨振宁后来走上了专注物理科学研究的路，并且获得了成功，跟爸爸在童年的时候对他的引导有直接关系。

爸爸良好的爱好和兴趣不仅让杨振宁从小就受到很好的教育和影响，更成为了他一生追求的目标，造就了他对世界的贡献，也让他成为了令人仰慕的杰出人才。

2. 邓亚萍曾经为爸爸圆冠军梦。

著名的奥运乒乓球冠军邓亚萍的爸爸是一位乒乓球爱好者，也曾经入选过省队，有了女儿后，他把自己对乒乓球的热爱传递给了孩子，从小就带着邓亚萍训练，培养女儿对乒乓球的兴趣。邓亚萍小的时候，因为个子太矮，几次都没能入选国家队，女儿有些沮丧，想要放弃，可她爸爸坚持要女儿继续练下去，他坚信邓亚萍只要不放弃一定会成功。

每当女儿有些懈怠时，他就会陪女儿去练球，在爸爸的陪伴下，邓亚萍的球风稳健、成熟、大气，很少受环境影响，良好的心理素质成为她日后18次获得世界冠军的最大保障，她还曾经连续两届4次获得奥运冠军，成为第一个蝉联奥运会乒乓球金牌的运动员。以她的身体条件获得这样的成绩的确有些不可思议，可是奇迹就是这样被创造了出来，而这位创造奇迹的人非她爸爸莫属。

3. 考入美院的才女是爸爸从小造就。

我有一位朋友，他的业余时间喜欢摄影，因此他在孩子很小的时候就经常带她出门拍照，父女俩有时间就会在大自然里流连忘返，夏天的小雨滴、冬天的雪、春天的花朵、秋天的红枫，都是他们镜头里的素材。去年，这个女孩考上了中央美院设计专业，因为从小就跟着爸爸学拍摄，孩子对视觉艺术特别感兴趣，美术基础很好，很轻松就考入她心仪很久的美院，学习她感兴趣的设计专业。

对于自己的兴趣和爱好，很多爸爸都认为跟他们的孩子没什么关系。但太多的事实已经证明，爸爸的兴趣和爱好，不仅会影响孩子将来的人生选择，甚至会决定孩子未来事业的领域，造就孩子一生的事业。

4. 他把爸爸一生的爱好做成了事业。

我特别赞成爸爸们应该让孩子多参与自己的兴趣和爱好，如果你的兴趣和爱好是一种积极而有意义的行为的话。我有一个朋友，他的爸爸平时喜欢收藏，老带他去古玩市场、旧货市场淘宝，这使他很小的时候就有了一定的鉴别能力。成年以后，他也开始自己做收藏，还开了一家古玩店，事业做得很大。

他爸爸喜欢了一辈子也就是自己玩玩儿，可到了儿子这儿却成了一份挺高大上的事业，这让他爸爸也没想到。

爸爸的兴趣和爱好有时候就是无心栽柳的一个过程，有些影响是表面上看不到的。只要爸爸们懂得在这方面对孩子有所用心，就会对孩子产生意想不到的影响。

爸爸良好的兴趣和爱好不仅会在孩子未来的事业领域，对孩子有所影响，最重要的是会让孩子受到好的行为习惯的熏陶，让孩子懂得什么是值得去学的，什么是没有意义的东西。让孩子知道应该为好的东西而坚持，为喜欢的东西去付出，这实际上是一种品格上的教育和养成，是会影响孩子终生的行为。

Part 08

爸爸的生活习惯
影响孩子的生活习惯

一、爸爸的生活习惯不健康，孩子的生活习惯就会不健康。现在很多孩子生活习惯不健康、不规律，爸爸的影响是最主要的

在孩子的所有习惯中，恐怕没有比生活习惯更重要的了。但在父母的所有习惯中，也恐怕没有比生活习惯给孩子的影响更为重要的了。因为一个人在世界上生存，任何习惯都没有像生活习惯的好坏那样会决定他的生活质量。

为什么爸爸的生活习惯会对孩子更有影响力？因为在家庭里，爸爸的地位和权威的状态，决定了他是那个最有影响力的人。而对于男孩来说，爸爸通常是他希望模仿的第一个人，对于女孩来说，因为异性相吸，她对爸爸的行为会比对妈妈的行为更感兴趣。在家庭里孩子们一般会对爸爸有一定的崇拜感，尤其是在他们的童年，而这也正是他们生活习惯养成最关键的时期，需要爸爸们大加注意。

1.**爸爸爱做沙发土豆，孩子一定是个"土豆"儿童。**

曾经有一位母亲来找我咨询，她的孩子8岁，却体重达到60公斤，是个不折不扣的小胖子。因为肥胖孩子经常在学校里遭到其他孩子的嘲笑，孩子一度很自卑，说什么也不喜欢到学校去。

而且孩子超级爱看电视，每天吃完饭就躺在沙发上看电视，妈妈想让他起来运动运动，怎么也无法把他拉起来。当我问到孩子的爸爸平常是什么样的生活习惯时，妈妈开始投诉，她说孩子的爸爸是搞市场营销的，每天回来都说自己累不想动，吃完饭就会窝在沙发上看电视，从来不爱运动。我问爸爸的体重如何，妈妈说也是一个极胖的人。

对这位爸爸来说，他的生活习惯就是相当不健康的，从来不喜欢运动不说，还超级爱看电视，这使孩子的生活习惯也和他一样，不爱运动，电视看起来没完，所以孩子的体重也无法得到控制，以致成为一个肥胖儿童。

现在胖孩子这么多，有很大的原因是因为家长的生活习惯不健康，吃那么多高油高脂的食物，却很少运动，甚至没有运动的习惯，这会造成很多身体问题的产生。

孩子体重超标、肥胖，会过早的让孩子与糖尿病、心血管疾病结缘，最关键的是肥胖的孩子会因为身体的原因造成严重的心理问题，什么自卑啊、人际关系不良、缺乏自信、不爱沟通、甚至学习能力下降，这些都可能是孩子体重超标带来的问题。

不爱运动的爸爸不仅自己的身体不会健康，他的孩子也会因为没有运动的习惯，缺少一个好身体。这常常就是为什么胖爸爸身边总有一个胖孩子的缘故。

所以想要自己的孩子有一个好身体，爸爸首先要养成好习惯，坚持运动，拒绝做沙发土豆，学会控制自己的体重，也引导孩子建立良好的生活习惯，健康饮食，爱好运动，这样身体才会健康。

2. 爸爸喜欢熬夜，作息不规律，孩子就会不爱早睡。

前几天，有一位爸爸给我打电话咨询问题，已经是晚上11点钟。我听到他的孩子在电话里吵吵闹闹，我很惊讶他的孩子这个时间还没有入睡，因为他的孩子刚刚上小学一年级，这位爸爸跟我抱怨了好几次，孩子早晨上学根本叫不起来，每次都要把他从被窝里拎出来，闭着眼睛给他穿衣服，有时候早饭都来不及吃就要出门，这样的状态让父母不知怎么办才好。

可是这次我发现他的孩子为什么无法早起的问题了，那就是睡得太晚，而且跟大人一个作息时间，这是肯定不行的。

首先是他的爸爸有熬夜的习惯，晚上11点通常还在看电视、上网、打电话聊天。其次，孩子受爸爸这个习惯的影响多年，也已经养成了晚睡的习惯，这个习惯对孩子的影响在他小的时候还不明显，因为孩子还没有开始上学的时候，作息时间有一定的自由，等孩子开始入学了，他必须规律作息的时候，你才会发现如果没有好的作息习惯，孩子习惯晚睡却不爱早起，这对孩子来说就是一件很麻烦的事情。

我了解现在有不少家庭的作息时间都很晚，但对于孩子来说，他真的很不适合和家长同一个作息习惯。一个是孩子的身体正在成长，足够的睡眠可以给他更多的生长激素，让他长得更高大一些；另一个是孩子毕竟是孩子，他缺乏大人所具有的自控力，大人虽然睡得晚，但为了第二天上班不迟到说什么也要早起，可孩子真的没这么能够自我控制。所以，前一天晚睡，第二天早晨起床就一定很困难。

3. 孩子作息习惯不好，最影响的就是入学。

有不少家长跟我咨询这个问题，就是孩子刚入小学后早晨起不来怎么办？这其中还真的不只是孩子自己的问题，父母的影响起了很大作用。尤其这个习惯如果是爸爸影响的，孩子就更不容易改变，因为他会觉得和爸爸一样没什么错。

还有的爸爸是晚上不睡，上网玩游戏，早晨不起，甚至昼夜颠倒，生活作息一点规律都没有，这样的生活方式不仅很不健康，而且危害很大，现在癌症高发据说就是跟人们的生活不规律、长期熬夜、不注意休息有关。

爸爸这样的生活习惯给孩子带来的影响肯定是极为不利的，既不适应孩子的身心成长，也不利于孩子好的生活习惯的培养，是对孩子极不负责任的态度。

所以，据我所知，有不少爸爸都会在想要做爸爸时调整自己的身体情况，实际上你的生活习惯跟你的身体一样重要，因为孩子来到人世，他的很多行为和习惯是需要父母来给他养成的。父母的好习惯会让他受益终生，同样，不良的生活习惯也会让他无法拥有一个好身体，而没有好的健康的身体，人生的一切发展都谈不上。

我相信不管你是什么样的父母，富有还是贫穷，给孩子一个好身体是你应该做到的，也是你很容易就可以做到的，你需要的就是要有一点科学的态度，对自己行为习惯的调整和克制。

4. 爸爸懒惰，不喜欢下厨做家务，孩子就会惰性十足。

朋友的孩子10岁了，最不喜欢在家吃饭，就愿意爸爸带他到外边吃，哪怕在家也要叫外卖，是个不折不扣的小外食族。他的妈妈跟我说起这件事来就很烦恼，孩子不喜欢在家吃饭都是因为他爸爸太懒，从来不喜欢下厨，妈妈工作又忙，偶尔在家做顿饭爷俩一起嚷嚷不好吃。

因为妈妈是医生，比较重视健康营养，饭菜比较清淡，孩子和爸爸在外边吃惯了高油高盐的饭菜，就觉得家里的饭菜很不可口，跟孩子的爸爸说少带孩子出去吃，爸爸很不以为然，认为孩子喜欢吃什么就吃什么，不必太在意在哪儿吃。

妈妈总觉得这样对孩子的健康没有好处，可就不知道该如何才能说服爸爸，这位爸爸不仅不喜欢下厨，在生活中还非常懒惰，在家里不是上网就是看电视，衣服到处乱扔，鞋和袜子也乱扔一气，垃圾桶满了也不会去倒一下，一切得等孩子的妈妈回来再去收拾，对这一点妈妈也很不满意。

最让妈妈担心的是孩子的习惯居然跟爸爸如出一辙，尽管妈妈经常叮嘱孩子要讲卫生，自己收拾好自己的房间，回家要把衣服挂在衣架上，鞋子放到鞋柜里，但是孩子似乎根本听不进去。妈妈对孩子这样的行为表示不满意时，孩子往往会理直气壮的对妈妈抱怨，"爸爸也乱扔衣服，爸爸也不收拾房间，为什么爸爸这样可以我就不可以？"

每当这时这位妈妈都束手无策，不知该跟孩子说什么好，让爸爸管管孩子，爸爸总说这都是小事情，无所谓，孩子长大就好了。

可是，像这样的事情真的孩子长大就好了吗？我看不尽然。生活习惯看似是一些小事，但它却是生活中最不可缺少的品质。让孩子从小就养成喜欢健康饮食、整洁卫生的习惯，勤劳一些的作风，这对孩子来说都是非常美好的品质，可以给他成年以后的生活带来很大的帮助。

最重要的是这些生活习惯的养成大多靠的是后天的影响、父母的教育、如果爸爸的生活习惯如此糟糕，妈妈一个人孤掌难鸣，怎么可能给孩子带来好的引导和教育。

其实讲究一些生活品质不仅仅表现在行为上，它实际上是一种心理素质。生活中爱下厨、爱收拾家、爱帮妈妈做一些家务的爸爸，是责任感更强，上进心更强，更珍惜家庭，更体贴家人的爸爸。

心理研究也证明，喜欢自己动手做美食，喜欢家里更有秩序感、更整洁的爸爸，通常心理更健康，性格更阳光，更善于与孩子沟通，会与妻子和孩子保持非常亲密的关系，这样的家庭也因此而更加和谐美满。

所以有些生活习惯看上去是小事，它延伸出去却会影响到生活的方方面面，爸爸的惰性会让一个家庭失去活力和朝气，而一个没有活力的家庭又怎么会给孩子带来快乐，事实证明爸爸的懒惰会让孩子很惰性，而爸爸是一个勤奋的人，也会让孩子很勤奋，很热爱生活。

喜欢外食的爸爸，在你的孩子还没有到来之前，这样的生活方式没有问题，但当你成为爸爸，有了家庭责任，还是尽量改一改这种习惯。因为对孩子来说，家里的餐桌就是他成长的地方，不要让孩子对家里的餐桌没有回忆，我觉得爸爸最有魅力的时候就是他下厨的时候，我可以负责任地告诉你，只有家里的饭菜才最适合孩子的健康成长，也就说，为了孩子的健康，你也要试一试，做厨房里的最美爸爸。

很多孩子在成年以后对家庭唯一的回忆就是餐桌上的美食，所以不喜欢下厨的爸爸只会让孩子的回忆一片空白，相信这也是爸爸们不想看到的结果吧。

做一个爱整洁、爱钻研美食的爸爸吧，这会让你的孩子更加喜欢你、崇拜你，也会让你更受妈妈们的欢迎。

5. 现在不少孩子网络成瘾，实际上是受爸爸的影响。

晨晨是个13岁的男孩，他的妈妈找我来咨询时，这孩子已辍学一年多了，问题就出在网络游戏上。妈妈告诉我别看孩子不大，可迷上网游已经8年了，晨晨从5岁时就喜欢在电脑上玩游戏，一开始妈妈还能控制住他玩的时间，可后来越玩兴趣越大，有时候能一玩就是几个小时，晚上不睡觉也要玩。

到了开始上学的时候，晨晨开始厌学，经常逃学，去网吧玩游戏，后来索性就不去学校了。妈妈把他送到学校，他就偷偷跑去网吧，而且还开始从妈妈的钱包里偷钱去网吧，妈妈带他去看了心理医生，晨晨被诊断为网络成瘾综合征。

最后这位妈妈只好给晨晨办了退学，带他到处参加戒除网瘾训练班，状况好一点，可孩子就是不愿去上学，天天在家里待着不出门。现在不怎么玩电脑游戏了，可是又迷上了手游，每天捧着手机玩得如醉如痴，饭都顾不得吃，对晨晨这个孩子妈妈有些绝望，想撒手不管了，可看了我的书以后，她又找到了我想寻求帮助。

看到这位被孩子的网瘾折磨得几乎失去了信心的妈妈，我问孩子爸爸的情况，谈到孩子的爸爸，这位妈妈眼泪夺眶而出，她说，孩子的网瘾都是因为爸爸的影响，首先这位爸爸就是一个网络成瘾者，每天除了上班，业余时间几乎都泡在网络游戏上，天天熬夜打游戏。

孩子小的时候老缠着爸爸要和他一起玩儿，爸爸为了自己玩得痛快，就教会了孩子自己上网打游戏，孩子自己会玩了以后再也不去打扰爸爸了，爸爸很高兴。

孩子大一点以后，爸爸开始和儿子联手打游戏，越玩越上瘾，有时候班都不上了，请假在家里玩游戏，再后来爸爸觉得在家里玩不过瘾，开始带孩子去网吧玩。看这爷俩如此沉迷网络游戏，妈妈不干了，跟爸爸提出来要离婚，后来爸爸迫于妈妈的压力，把游戏都删了，装备也卖光了，基本上不再接触游戏，可孩子却陷了进去，为了孩子的网游成瘾，爸爸没少打孩子，可就是很难把孩子扳回来。

现在孩子进入了青春期，越来越逆反，基本上是一打就跑，爸爸把孩子打跑了，妈妈就得整夜整夜的挨家网吧找，有时候孩子找到了，他却不愿意跟妈妈回家，妈妈只能陪着他，等他玩累了再回家。现在爸爸对孩子已经基本放弃，孩子在家他就躲出去，孩子出去他才回来，爷俩谁也不理谁，这种局面让妈妈心力憔悴。

晨晨的个案是非常典型的爸爸的行为对孩子的影响，从开始爸爸对网游的迷恋，到后来孩子的网络成瘾，这其中的过程爸爸起了非常大的作用。为什么爸爸迷恋网游，后来却能够放下，因为爸爸毕竟是成年人，有一定的自控力，会适当调整自己行为。但是对于未成年的孩子来说，他既不具备自控能力，也非常不善于控制自己的行为，因此一旦迷恋上什么东西就很容因陷进去。

更何况晨晨是在5岁时就开始接触网游，不仅接触时间太早，而且因为爸爸的影响一直处在这种环境中，可以说他是玩着网游长大的。上学以后，与玩游戏相比，当然学习是很没有意思的一件事，所以他会很快就产生厌学情绪，讨厌学习。

针对孩子的这种状况，爸爸也缺乏正确的方法，以为打骂就可以解决问题，岂不知冰冻三尺非一日之寒，孩子这么多年养成的习惯怎么可能在一夜间解决，爸爸不正确的教育方法只会把孩子越推越远。

好在晨晨妈妈没有放弃，一直在带着孩子进行矫治，我也相信只要父母学会用正确的方法来引导孩子改善自己的行为，没有解决不了的问题。关键还在父母身上。

由晨晨的个案我想到很多类似孩子的问题，很多沉迷网络的孩子都是父母心中巨大的压力。有一段时间，我曾经参与过青少年网络成瘾戒除训练班的教育工作，接触了大量有网瘾的孩子，他们当中最小的只有六岁，最大的21岁是一位大二的学生。

这些孩子网瘾的程度不同，但基本上都是因为网络成瘾而辍学的。有的孩子玩网游玩的连小学都读不下去了，家长急得都夜不能寐，可孩子并不理解他们。

在这些网络成瘾的孩子当中，我了解了一下，至少有2／3的孩子一开始玩网游是跟着爸爸学的，尤其是那些年纪虽小，玩网游却有年头的孩子，这里面男孩居多。那个只有六岁的孩子开始玩网游的年纪是两岁，一开始也是爸爸带他学着玩的，可后来却发现这孩子每天都要玩电脑游戏，一不给他玩就哭闹个不停，还会食欲下降、睡眠不好、精神萎靡不振，可是一让他坐在电脑前，打开网游马上就来精神，像换了一个人，后来经专家诊断，这孩子患上网络成瘾疾病。

我相信很多爸爸带孩子玩网游的初衷并不是希望这样，他们一个是自己喜欢，一个也是觉得无所谓，带孩子玩玩嘛，很多爸爸在发现孩子上瘾后也很后悔，对孩子又打又骂，希望孩子能别再迷恋，可往往他们会失望，有的爸爸在失望之余只好选择放弃，对这样爸爸来说，这样的态度是很不可取的。

我曾经说过，没有教育不好的孩子，只有不懂得方法的父母。既然孩子迷恋网络的事情很多时候是受了家长的影响，那么需要改变的首先是家长。尤其是自己也很迷恋网游的爸爸，爸爸要先从自己行为的改变入手，如果你到现在还喜欢彻夜玩网游，那你就一定不要责怪你的孩子迷恋网游不爱学习了。

或者你即使喜欢玩，一个是不要让孩子接触太早，容易给孩子养成不好的习惯。另一个你一定要告诉孩子，这只是一种业余时间的消遣活动，偶尔为之的事情，如果你自己不懂得自控，玩得过于投入，就会让孩子觉得这是一个非常有意思的事情，他一旦接触也会无法自控。

6.做爸爸要懂得选择给孩子合适的行为影响。

很多人认为做妈妈要放弃很多东西，实际上做爸爸也一样，如果你行为过于自我，很多事只考虑自己的感受，忽视了对孩子的影响，对家庭对孩子也是一种不负责任。

看到现在的孩子在很多场合，都是每人一件数码产品，或手机或ipad，跟谁都不沟通，都在那一直玩游戏，这样的局面真的是很让人担心。长此以往，这些孩子很容易就沉迷于网络世界，跟现实生活脱节，无法融入现实生活，这对孩子的未来发展会是特别大的障碍。

很多时候我都发现把孩子引向这样的行为的是爸爸，在饭桌上爸爸嫌孩子闹把手机给了孩子，出门旅行爸爸希望孩子安静又把ipad塞给孩子，哪怕在家里爸爸让孩子学会上网玩游戏也多是因为孩子会打扰他。这种场景在我们的家庭里天天都在发生，所以别抱怨我们的孩子出了问题，这其中最大的问题还是来自于父母。

　　做一个负责任的爸爸吧！别让那些不好的生活习惯和行为毁了你和孩子的生活，沉迷于网络世界的孩子，大多来自不善沟通、处理孩子问题简单粗暴的家庭。如果孩子的爸爸也是一个网络游戏爱好者，那你一定不能只怪孩子玩得不能自拔，要从你自己身上找找原因。

二、引导孩子从小就建立健康的生活
习惯，是爸爸最重要的责任之一

　　从行为习惯上讲，人的生活习惯可能是会跟随你最久的一种习惯。而且，当你
进入成年以后，不管是好的习惯，还是不良的习惯，都很难轻易改变，很多人特别
优秀，就是生活习惯不良，不仅影响了他的健康，更影响了自身的生活品质，甚至
影响了他跟别人的相处关系。

　　而且，有些生活习惯在孩子小的时候并不明显，因为孩子与社会接触的少，习
惯不好也没什么太大的关系，至少他影响不到别人。可一旦孩子长大成人，开始走
向社会，这些不好的习惯就会影响他的发展。

1. 一起因生活习惯引起的流血事件。

　　前不久，一所高校的学生发生打架斗殴事件，造成一死一伤的严重后果。警察
赶到后了解案情，发现其实就是一个因为生活习惯不同而引起的纠纷，在这些孩子
的冲动下演变成了一场流血事件。

　　在这个事件中死亡的刘某是大一新生，因为他习惯晚睡，在寝室中很晚了还和
同学打电话聊天，而且声音还很大，影响了别的同学休息。有一位同学就出面制止
了一下，结果刘某很不高兴的结束了电话聊天，又开了电脑开始玩，游戏声音也很
大，这时同学们都不高兴了，开始一起指责刘某不讲公德，影响大家休息。

　　一直因为生活习惯不同而跟寝室同学关系很紧张的刘某，这时认为同学们都在
欺负他，他打电话叫来几个老乡，就跟寝室的同学打了起来，结果他被一个同学用

水果刀扎到了心脏，当场就死亡了，几个参与打架的大学生也锒铛入狱，一人被打伤致残。

在这个后果严重的恶性事件中，最让人惋惜的是那个死去的大一新生，他才只有19岁，就这样告别了世界，他的父母痛不欲生，怎么也没想到孩子一个不同的生活习惯，会让他送了命。

每年的大学校园里，新生入学的日子，这样的事情总会发生。现在的孩子不仅生活习惯大不相同，最重要的是发生了这样的矛盾，他们往往不善于正确处理，又都不太懂得谦让和相互包容，常常就会因小事变成大冲突，甚至酿成灾难性的后果。

2. 好的生活习惯培养的越早越好。

所以生活习惯看上去不重要，实际上它的健康与否真的非常重要，因为它绝不是你一个人是事情，好的习惯会给大家都带来好的影响，而不好的习惯不仅会影响大家的生活，还会影响别人的情绪，影响大家的生活品质。

生活习惯还有一个跟别的习惯不同的地方就是，它的培养应该从很早就需要开始了。尤其是对于孩子来说，好习惯的培养开始的越早越好。因为孩子的很多行为是后天在家庭里养成的，生活习惯更是他在成长中点点滴滴的体验下逐步形成的。孩子的年龄越小他的可塑性就越强，习惯的养成就越简单。

每个人都是习惯的产物，可以说习惯决定命运。这里面习惯又分为行为习惯和思维习惯。生活习惯主要来自于行为习惯，想要孩子从小就拥有健康的行为习惯，是个懂得什么是健康的生活方式的人，父母的引导最关键，而爸爸的影响起主要作用。

3. 爸爸是个爱运动的人，孩子就会喜欢运动。

世界卫生组织2013年公布，懒得运动已成为全球第四大死亡风险因素，因此死亡的人数高达320万，且逐年增长。

在中国最近发布的《2013年北京市卫生与人群健康状况报告》指出，2011年北京市18~79岁常住居民平均每日静态行为时间为5.7小时。

专家指出，静态行为是指除睡觉以外，以坐、靠、躺等姿势进行工作、学习或娱乐活动的状态。在医生看来，每日静态时间超过4小时就会影响健康，这一习惯在

5~17岁的青少年中间最为严重。

中国的孩子不爱运动这是在世界范围内出名的，所以很多中国的小留学生出国读书以后，最不适应的就是国外学校名目繁多的运动项目。他们习惯了课余时间看看电视、玩玩电脑游戏，可他们的外国同学每个人下课以后都在运动场上。在这些外国同学看来，中国孩子放学以后就回宿舍待着很不可思议。

我有一个朋友，他的孩子初到美国读高中，学校要求每个学生都要在业余时间至少要参与三个球类运动项目的训练，这让孩子很为难，因为在国内他除了打过篮球，别的运动从来没接触过，孩子感到了很大的压力，总想退学回国，让他的父母也很操心。

中国的孩子为什么这么不喜欢运动？在我看来跟父母的生活习惯有关，最主要的是跟爸爸的习惯有关。在我身边有着各种各样的爸爸，他们的身份职业各不相同，却大多有一样的习惯，那就是很少运动，或者根本就从来不运动。不喜欢运动的原因有很多，有的爸爸抱怨是因为工作忙、没时间。有的爸爸是觉得没必要，也有一些爸爸是因为无知，他们根本就不知道运动对生活和身体的重要性。

我一直认为喜欢运动的爸爸是最值得追随的爸爸，因为他懂得把好的习惯坚持下去，并影响他的孩子也养成这样的好习惯。

爱运动的爸爸通常性格开朗、阳光，行为很积极，对孩子是一种非常正能量的影响。在一个家庭里面，爸爸爱运动，孩子也会受到很大影响，孩子不仅会爱上运动，生活态度也会很积极。

4. 运动实际上是爸爸跟孩子之间最好的沟通方式。

而且，运动不仅仅是一种健康的生活方式，它还是一种爸爸与孩子建立良好互动关系的生活方式。爸爸和孩子一起运动的时候，有很多关于合作，关于友谊，关于意志的理念可以传达给孩子，让孩子在运动中学会努力，学会坚持，学会竞争。

有很多人生的道理，孩子可以在运动中与爸爸交流，可以说运动是爸爸与孩子建立密切沟通关系的最好方式。现在为什么很多孩子进入青春期都与爸爸的关系有障碍？甚至形同陌路，其中一个很重要的原因就是，爸爸在他们小的时候总也找不到和他们相处的方式，不知该以什么方式走进孩子的世界，时间一长，爸爸缺席孩子的生活太久，等孩子进入青春期再想起和他们改善关系，基本上已经来不及了。

同很多爸爸谈起来他们与孩子的相处，不少爸爸都很困惑，有时候他们也想陪陪孩子，可就是不知道什么方式孩子会喜欢？每一次我都会告诉他们，带着孩子去运动吧，除非孩子的身体有障碍，孩子的天性就是喜欢动，喜欢有挑战的事情，陪着孩子去打打篮球、踢踢足球、跑跑步、玩玩滑板，孩子不仅会因此而喜欢上运动，还会因为有爸爸的陪伴而倍感快乐。

实践证明，经常与爸爸一起运动的男孩，不仅聪明、活跃、身体素质好，还个性开朗大方、有征服欲、喜欢挑战、懂得坚持、意志品质会比较勇敢坚强，更具有男孩的特质。

经常与爸爸一起运动的女孩，开朗大气，不娇气，懂得合作的重要性，会注意到别人的感受，性格会比较坚强，个性会很独立，会比较自信。

运动不仅会给孩子带来一个健壮的好身体，更重要是会丰富孩子的心灵，强化孩子的个性，让孩子的内心世界变得更加强大。一个会带领孩子参与运动的爸爸，就是孩子心目中的精神领袖，他不仅会把良好的生活习惯带给孩子，还会把好的意志品质传递给孩子，让他们成为坚强而自信的人，这是每一个优秀的人最重要的人格特质。

5. 她双目失明为什么却能够成为才艺俱佳的女神？

曾在央视最火的综艺选秀节目《星光大道》脱颖而出的美女歌手刘赛，是一位湖南妹子，2011年她以自己婉转如百灵鸟一般的歌喉，和美丽大气的舞台风格一举夺冠，获得星光大道年度总冠军的桂冠，一时间鲜花和掌声蜂拥而至，这个美丽的女孩成为了媒体的焦点。

然而，所有人都很惊讶，这个有魅力、有才华的年轻女孩竟是个盲人，而且是在她4岁的时候就因病双目失明。在获奖现场，刘赛发表获奖感言的时候，她说自己最感谢的就是爸爸，是爸爸对她的悉心引导和帮助，不离不弃，她才会和正常人一样获得成功。

刘赛对大家说，爸爸从来没有把她当作一个盲人来对待，本身是军人的爸爸非常喜欢运动，他从小就带着女儿跑步、爬山、打球、骑自行车，春夏秋冬从不间断。很多人都惊讶，刘赛一个双目看不见的女孩，如何学会骑自行车的，刘赛说是爸爸手把手的带着她教会的她骑自行车。

一开始刘赛害怕，不想学，爸爸一直鼓励她，让她别感觉自己是盲人有些事就想放弃。每次刘赛从自行车上摔下来，爸爸都再把她扶上去，让她坚持，别轻易放弃，告诉她别人能做到的事她一定可以做得到。就这样经历了无数次的摔摔打打，刘赛终于可以像别的健全人一样会骑自行车了。

刘赛爸爸的这种坚持给了女儿非常好的性格熏陶，他始终让女儿觉得我跟别人没什么不一样，别人可以做到的我也一样可以做到。正是这种顽强大气的性格特质，使刘赛不惧挑战，敢于站上万众瞩目的舞台展示自己，赢得了所有人的掌声。

可以说是刘赛的爸爸成就了女儿原本并不完整的人生的成功，而爸爸所做的事情也很简单，就是坚持陪伴女儿一起运动，在运动中培养女儿顽强坚持的个性和勇于挑战的品质。

6. 一个爱运动的爸爸比一个有钱的爸爸更重要。

由此来看，爸爸爱运动，能够带动孩子一起运动的生活习惯，真的不是可有可无的。每一位爸爸都渴望自己的孩子成为一个优秀的人，每一位爸爸都期待孩子人生的成功，可孩子的人生大多在爸爸的掌握之中。一个懒得运动的爸爸，很难培育出积极上进的孩子，而一个崇尚运动，并且重视将运动带来的意义传递给孩子的爸爸，可以把一个身体不健全的孩子，培养得比任何人都优秀、都成功，这就是差别，每个人都看得见。

做一个爱运动爸爸比做一个有钱的爸爸更重要，钱能够带来的价值是有限的，而一个爱运动的好习惯却会给孩子带来健康的身体，个性健全的保证和生活质量的稳定。爱运动的孩子轻易不会染上恶习，交往的朋友也很健康，这些都是他未来人生在正常轨道上的保障。对一个正在成长的孩子来说，还有什么比这更有价值？

爸爸爱运动的习惯是留给孩子最重要的财富，坚持下去会让孩子受益一生。

三、爸爸生活有规律，生活习惯好，
孩子就会养成有规律的好习惯

经常听到一些刚入学的大学新生吐槽，他们寝室的某某同学是奇葩，主要表现就是生活没有规律，晚上不睡，早晨不起，有时连课都没法去上，因为睡得太晚早上起不来。

还有的同学吃东西太挑剔，总嫌学校食堂的饭菜太差，一天到晚吃馆子，半个月就把家里寄的生活费花完了，又不好意思问家里要，只好到处借同学的钱花。

有的同学个人卫生习惯很差，不爱洗澡、洗脚，味道让大家都很受不了；有的同学东西乱堆乱放，一点秩序感也没有……碰上这样的同学，大家都很头痛。

1. 个人的生活习惯不好影响未来的集体生活。

实际上这都不是什么大事，也就是个生活习惯的事儿，但却对别人的生活有所妨碍，有时候还会让别人很反感。据我调查，生活习惯不好的孩子，通常很不受大家欢迎，尤其是在过集体生活的时候，如果习惯太差，就会被大家孤立，很多刚入大学特别不适应集体生活的新生，情绪和心理出了问题，大多是因为生活习惯的问题。

其实到了大学里，如果孩子的生活习惯很差，通常调整起来都比较难，因为他们都已成年，很多习惯木已成舟，尤其是行为习惯基本上是习惯成自然的节奏，要改起来也很痛苦。

2. 帮助孩子建立好的生活习惯是爸爸的重要职责。

　　要想孩子不至于养成太多不良的生活习惯，父母的行为习惯很重要，尤其是孩子的爸爸，一定要在生活习惯方面给孩子好的影响，坚持健康而有规律的好习惯，调整不利于孩子成长的坏习惯，这不仅是爸爸的责任，也标志着一个爸爸的成熟。

　　所以在欧洲有句话叫做，你想让一个男人长大就让他做爸爸吧。爸爸不仅仅是一个角色，他还是一种无法逃避的职责，我相信当你的孩子长大成人，离开你去融入社会时，如果他因为生活习惯不好而屡遭别人的投诉，作为他的爸爸，你一定会感到这是自己的失职。

　　爸爸的责任不仅仅是把孩子抚养长大，更重要的是让他受到社会的尊重和接纳，别总以为生活习惯是小事情，他其实是一种人生态度。好的习惯尊重自己也尊重他人，不好的习惯伤害自己也损害别人，连一个良好的生活习惯都无法养成的孩子，又怎么能够成就大事业，我相信这是需要爸爸们认真思考的问题。

Part 09

爸爸的追求和梦想
影响孩子的追求和梦想

一、爸爸是一个生活没有梦想、没有
目标、整天混日子的人，孩子也会活
得糊里糊涂

身边总是可以看到一些这样的爸爸，每天上班下班，回家喝酒打牌看电视，缺少追求，从来不谈梦想。对于这样的爸爸来说，每天就是两点一线，一日三餐，生活沉闷而消极。那么在这样的爸爸身边孩子们又会是怎么样的呢？

1.孩子的梦想爸爸知道吗？

有一次我去一个小学讲课，大概有四十几个小学三年级的学生，当问这些小学生他们的梦想是什么的时候？孩子们都在沉默，只有一个男孩用很小的声音说，我爸爸说他的梦想就是让我考上大学，我跟孩子说，这是你爸爸的梦想，你的梦想是什么？孩子沉默了。

我相信这些孩子不会是没有梦想，只是他们的生活中的确没有人告诉过他们，什么是梦想，什么是追求。这其实一点也不奇怪，因为梦想和追求都来自于人对外部世界的探求，而由于在家庭里爸爸是那个可以带领孩子探索外部世界的人，因此爸爸的梦想和追求对孩子来说真的有指引的作用。

很遗憾的是生活中倦怠的爸爸太多，对未来缺乏规划和追求的爸爸太多，生活中从来不谈梦想的爸爸也太多，这也难怪我们的孩子从小学到大学都很少有梦想。

所以我们现在就看到太多倦怠的孩子，有的孩子才上小学就开始厌学，无法坐在课堂里完成学业。有的孩子进入大学照样很迷茫，不知道自己的人生方向，以为考上大学就已经给父母一个交代了，至于自己的未来并不清楚也懒得去想，开始心安理得的混日子。

爸爸缺乏梦想和追求，给孩子带来的最直接的影响就是，孩子也不知道自己该追求什么，对自己的梦想缺乏认知，人生没有目标。

这是一种很可怕的现状，孩子人生没有目标就会到处瞎撞，有时候就容易偏离正常的生活轨道，把日子过得糊里糊涂的，这样的人生有多可惜呀！

2. 爸爸一定要和孩子谈谈梦想。

想要自己的孩子有梦想，爸爸在孩子小的时候就要跟他谈谈自己的梦想，哪怕你的梦想并没有实现也没关系，你至少要让你的孩子知道爸爸也曾经是一个有梦想的人。

我们都知道梦想之所以珍贵，就因为它有可能只是一个追求，是一个人生向往的目标，如果实现了说明你很幸运，如果没有实现也证明你并不是一个缺少梦想的人，我想就这一点来说已经足够了。

然后爸爸要让孩子谈谈他的梦想，让孩子思考一下，这辈子他想做什么，他喜欢什么，实际上这种时候孩子说什么并不重要，因为他还小，梦想不会一成不变。重要的是爸爸要启发孩子对梦想的思考，对人生目标的想象，这是会让孩子有持续上进心最重要的动力。

3. 让孩子拥有自己的梦想很重要。

现在有不少爸爸跟孩子一谈梦想，就会说，什么什么曾经是爸爸的梦想，现在爸爸实现不了了，你去替爸爸实现吧！尤其是中国的家长，常常希望他们的孩子去实现他们曾经的愿望，我相信家长的心愿是好的，可对孩子来说却很不公平，因为孩子跟你是不同的人，他从生下来就应该是独立的，他应该有自己的梦想，有自己与父母不同的追求，这是他的选择，父母要做的就是应该尊重他、接纳他，而不是一心想让孩子去实现你未实现的梦想。现在许多孩子一说起自己的梦想就特没精神，特没动力，我想应该和中国家长的这种做法息息相关吧。

孩子因为要实现的是他父母的梦想，背负的是他父母的想法和要求，因此他会倦怠会消极，甚至会放弃，这种无法发自内心的追求往往是缺乏爆发力和后劲的。

所以爸爸们应该给孩子有自己的梦想和追求的机会，也应该有自己去实现梦想和追求的勇气，而不是总是期望孩子替代你去实现梦想。

4. 有梦想的爸爸就会生活得很积极。

一个有梦想有追求的爸爸，生活状态应该是很积极、上进的。他可能很卑微，是小人物，但他并不消沉，他的精神很乐观，生活很充实，把自己该做的事情做好，对自己的角色尽职尽责，他的梦想实际上就是在这种看似很普通的生活中慢慢实现的。

一个有梦想的爸爸不仅会给孩子带来对梦想的向往，还会让孩子懂得梦想对人生来说是一种什么样的价值，明白通往梦想的路需要什么样的努力才能实现。

现在的孩子很多面对学习和生活都很被动，好像一切都是在为父母而做，缺乏主动的上进心，甚至很消极，这其中很重要的一点就是他们缺少梦想，缺少对自己梦想的向往和追求，这样的生活自然缺乏向上的动力。

5. 爸爸千万不要做孩子梦想的终结者。

最可怕的是有的爸爸自己没有梦想，对孩子的梦想也缺乏接纳的艺术，不仅会在孩子谈他的梦想时嘲笑孩子，还会打击孩子对梦想的向往，成为孩子梦想的直接扼杀者。

朋友的孩子马上要考大学，爸爸带着他找我聊天，看看给孩子选个什么样的专业领域。期间我问孩子，他自己喜欢什么样的专业？孩子看了爸爸一眼，对我说他喜欢动漫，将来想成为宫崎骏那样的艺术家。我说："很好啊，那你完全可以往这个方向去发展。"

没想到孩子的爸爸在一边非常不满意地对孩子说，"就你画的那些动漫也叫艺术？你别做梦了，艺术家那么好当？咱家祖祖辈辈都是普通人，就没出过艺术家，你还是务实一点，考个金融专业最靠谱，将来赚钱最多，这才是最实际的打算。"

爸爸的一席话说完你就眼看着刚才谈起自己梦想眼睛放光的孩子，眼神瞬间变黯淡了，一脸的委屈和不平，接下来他再没说话，可是我们讨论的是他的事情呀。

我对这位爸爸说，他不应该这么粗暴的扼杀了孩子的梦想，不管孩子的想法是否实际，那都是他自己对人生的思考，不但非常珍贵，而且还相当难得。这说明他对自己的未来有思考、有打算、有目标，孩子的主动进取通常都是这么来的。爸爸要做孩子梦想的点燃者而不是终结者，而这位爸爸的做法显然是很不明智的。

果然这个孩子高考考得非常不理想，成绩只能上个专科。爸爸开始认为上个专科也没什么用，还浪费时间，有一段时间，他找我借钱，说是要凑钱给孩子开个小店，让孩子做个小生意，我问他这是孩子的想法吗？他告诉我这是他的打算，孩子坚持要考艺术学院，嚷嚷着要去复读。

后来我建议这位爸爸支持孩子的想法，给孩子一个去追求自己梦想的机会，爸爸没梦想不意味着孩子也可以没梦想，因为他们是完全不同的两个人。

令我感到遗憾的是，生活当中没梦想的爸爸真的很多，这导致了很多孩子的生活也看不到目标，或者有的爸爸的梦想过于现实，和孩子自己的梦想存在差异，这反而打击了孩子真正的梦想。

希望生活中多一点有梦想的爸爸，也多一点有梦想的孩子，这样的日子才有奔头，未来才值得憧憬，值得期待。

二、爸爸的追求和梦想不一定很高很
大，但至少是一个可以引导积极的生
活态度的目标

谈到追求和梦想，很多爸爸都会说，我只是一个普通的爸爸，有着一份普通的生活，梦想和追求离我很远。其实对这样的爸爸来说，这就是心态的问题，普通人有普通人的梦想，平凡的爸爸也应该有属于平凡爸爸的追求，只要你有这个愿望你就是一个了不起的爸爸 。

1. 梦想很简单，不需要太华丽。

有时梦想很简单，它就是自己的愿望，不需多高多大，不需多绚丽，梦想其实就是鼓励你热爱生活，热爱家庭，热爱孩子的一种精神。生活中我们经常可以看到这样的爸爸，他为人朴实，工作勤勤恳恳，对家庭尽职尽责，对孩子精心培育，家庭和睦，亲情浓郁，这也许就是这位爸爸的梦想。虽然它并不耀眼，你却仍可以感受到它的温度和质感，这样的爸爸会让我们觉得生活很美好。我们期待爸爸们也有自己的追求和梦想，实际上就是希望看到一种积极向上的生活态度，看到爸爸们把自己对生命的态度以梦想的方式，传递给孩子们，做孩子梦想的点燃者和发现者。

2. 梦想会让爸爸变成巨人。

我有一个朋友是国际上非常能干的企业培训师和生命教练，他是位男士，可身高只有150厘米。小的时候他为自己的身高感到很气馁，也因为身高的问题经常受欺负。有一次他在被同学嘲笑后哭着回家，正好爸爸在家，爸爸问他为什么哭泣？他抱怨爸爸为什么把他生得这么矮？

这时候爸爸拿出了自己被一所非常有名的大学聘为终身教授的证书给他看，并且找到一本书，那本书的封面正是法国的英雄拿破仑，爸爸说，"你看我们都是矮个子男人，也都在小的时候受过欺负，可这并不影响我们去追求梦想，我从小就想做一个有学问的人，现在我做到了。而拿破仑从小就想做一个领袖，他也做到了。人可怕的不是个子矮小，而是没有梦想。只要有梦想你就是强大的，是任何人都无法把你真正打到的。"

朋友说爸爸跟他说这番话的时候他只有8岁，但正是爸爸的这些启发让他豁然开朗，突然懂得了生命中什么是最重要的，从那以后他再也没为自己的身高纠结过，再遇上同学嘲笑他的身高，他总会面带微笑的看着同学，心里却默默地对自己说，"你们的确比我高大，但我的梦想会让我的未来比你们都高大的多。"

再后来他去了美国读书，为了磨炼自己的意志，他参加了最残酷的体能训练营，在这个训练营里他是唯一的亚洲人。那些体格健硕，身材高大的白人和黑人都在用怀疑的眼光看着他，不相信这个小个子的亚洲人会坚持到最后。可是他咬着牙坚持到最后一刻，连一直冷酷无比的教练最后都给了他一个拥抱，那时他18岁，他的梦想是成为一个拿破仑那样的领袖。

后来他成为了优秀的企业培训师和生命教练，专门教青少年和职场人如何建立自己的梦想和人生目标，并且如何去实现这些目标，通过自己的努力，他也成为了一个很成功的跨国企业家。

现在很多时候他都会谈起爸爸对他说的那几句话，认为那是他人生的转机。谈到孩子的梦想，不少爸爸会说，有那么重要么？你看，这真的很重要，有时候它会在紧要关头帮孩子一把，带着孩子往前走一步，让孩子远离自己的人生洼地。

想要孩子有积极的生活动力，每一天都很努力的去争取，爸爸一定要和孩子多谈谈人生的梦想和目标，这会让孩子每天睁开眼就感觉特充实，不会虚度时光，把浪费时间不当回事儿。

如果爸爸也给自己找到了人生梦想和目标，爸爸就会用非常积极的态度面对每一天，这样的爸爸一定是一个上进努力、勤奋的家庭顶梁柱，给家庭和孩子每天都带来满满的正能量，这样的爸爸你何乐而不为呢？

Part 10

爸爸的人生观
影响孩子的人生观

一、爸爸的人生观直接影响孩子成为
什么样的人

人生观实际上就是人对生活的一种态度和理念，因为它直接决定了人对生活的选择，很多时候它也决定了你会成为什么样的人。

因为中国孩子在家庭里基本上要长到18岁才开始真正走向社会，因此基本上孩子的人生观是在家庭里建立的。而且，主要是受父母人生观的影响。由于爸爸在家庭里往往承担了孩子精神层面的引导，爸爸的行为很多时候都带有更加主观的色彩。因此，孩子的人生观会更多的受到爸爸的影响。

1. 想让孩子的人生积极爸爸首先要有向上的人生观。

爸爸的人生观对孩子的直接影响就是，让孩子成为什么样的人。人的行为通常是受观念的指导，积极向上的人生观，会使孩子产生积极上进的行为。而消极的人生观只能让孩子越来越消极面对。

由于很多中国的爸爸很不注意在孩子人生观方面的培育，造成有些孩子在成年以后人生观混乱，缺乏正向的人生观念，容易在社会上迷失方向，甚至误入歧途，毁了自己的人生。

对于孩子来说，人生观教育绝不是冠冕堂皇的一句话，它真的是决定你的孩子踏入社会后，如何定位自己人生的一种选择。

我相信每一位爸爸都希望自己的孩子积极阳光、坚强自信，懂得为自己争取更加美好的人生。而这种正能量的人生观却并不是每个孩子都有的。尤其是现在的孩子，有着不错的物质生活，受到父母无微不至的照顾，甚至是溺爱。在这样的成长环境中，想要孩子自身具有天然的、积极向上的人生观不是一件容易的事儿。

所以，这种时候爸爸应该发挥自己的影响力，首先你得是一个有好的人生观的爸爸，你热爱生活、尊重生命、关注家人、工作努力，每一天都充满了正能量。然后你的这种精神状态才会影响到孩子，孩子会被你积极的心态所感染、所激励，他对待人生的态度才会和你一样，充满了正能量。

2. 爸爸的人生观教育怎么做比怎么说更重要。

孩子的人生观和其他的人生习惯一样，需要从小培养，开始得越早越好。实际上这种教育真的不需要靠说教，它实际上就是一种行为，一种爸爸的观念，爸爸怎么做比怎么说更重要。

孩子小的时候，他是通过观察父母怎么做来决定他怎么做的，因此父母的行为和观念对他来说影响是最大的。这也是孩子可塑性最强的时候，很多观念孩子一旦接受，基本上一生都会这么做，这种力量是惊人的。

所以想要自己的孩子在人生之初就有一个好的人生观，爸爸一定不要忽视了在孩子小的时候，经常和孩子有这方面的交流，经常跟孩子谈谈对人生的看法，对世界的看法，你别担心孩子听不懂，孩子的潜能是无限的，有时候他比大人要有灵性，因为孩子的世界是没有障碍的，他看问题比大人还要通透。

3. 爸爸应该经常与孩子有一些关于人生观的交流。

经常与孩子进行一些关于人生观的交谈，实际上就是在引发孩子的思考，让孩子学会判断什么样的观念是积极的，什么样的观念是不适合的。从小就会对人如何生活的问题发出思考的孩子，通常比较成熟，成年以后发展的也会比较顺利，不容易走入人生的误区。

人生观跟别的观念比起来可能是孩子一生中最重要的教育，因为它直接决定了孩子未来成为什么样的人的问题。这个问题一定要在孩子成年以前解决好，否则，孩子的观念一旦形成要想再改变是非常难的。

二、孩子走向社会前，他对生活的选择很大程度上取决于爸爸的人生观

为什么我们现在觉得孩子的人生观教育如此重要，正是因为目前社会上有太多的孩子走向社会后表现欠佳，让很多人包括他们的父母在内觉得很失望。

1. 那些成年以后让人失望的孩子大多缺少人生观教育。

这些孩子都受过不错的教育，拥有不错的物质生活，但你却看不到他们的努力和勤奋。啃老族，年纪一大把了还在靠父母生活，不想自己去辛苦打拼，只想坐享其成。跳槽族，把工作当成游戏，开心就做，不开心就跳，跳来跳去他自己也不知道想干什么，非常不珍惜工作机会。月光族，每个月的工资不等到手就已经花光了，花完了自己的再花父母的，挣钱的能力有限，消费的欲望却没底线。草莓族，外表光鲜靓丽，内心却脆弱无比，参与社会的竞争，稍遇点挫折就想要放弃，在他们的人生字典里缺少了"坚持"两个字。

各种族群里的孩子都存在一个问题，那就是正确的、积极的人生观教育的缺失，正是因为欠缺了这种对人生观念的认知，这些孩子把自己的好日子过得乱七八糟，给父母和社会都带来了沉重的负担和压力。他们本该是承担责任的年华，却根本无法独立生存，让他们成为令人担忧的一群人。

所以在你的孩子走向社会前，爸爸一定要注意给孩子建立一个好的、鲜明的人生观，让孩子懂得好的人生是什么，什么样的生活态度才会让他更好的享受人生。告诉孩子，人生在世肩负着什么样的责任，他不仅要学会为自己的人生负责任，还

要懂得为父母和他人负责任。

这些人生的态度对孩子来说，就是他如何选择生活的准则。一个孩子如果不带着这样的观念进入社会，那他很可能就会被社会上复杂的东西给淹没，或者不被主流文化接纳的观念所吸引。

2. 好的人生观是孩子进入社会后的行为准则。

有的孩子进入社会后突然变化很大，行为心态都和以前不一样，这就是因为他的人生观并没有建立好。人生观其实就是一个人思想行为的内在标准，为什么有些孩子在社会上的行为让人如此无法接受？这实际上都是孩子内在基础没有打好，这样的孩子可能看上去很优秀。但一个内在缺乏正向人生观念的人，就像外表漂亮却地基不牢的建筑物，遇上点风吹草动，最先坍塌的就是它。

由于在家庭里，妈妈解决的更多的是家庭内部事务，而爸爸则是整个家庭与外部世界连接的主要承担者，因此孩子人生观的建设更多的应该是爸爸的责任。很多时候爸爸的人生观基本决定了孩子人生观的色彩。

想要孩子具备良好的人生观念，爸爸应该重视对孩子正向人生观念的传递，并把这种人生观的教育当作孩子在家庭里的必修课。现在的孩子学业优秀、成绩傲人，可就是走向社会后不会做人，让很多跟他们打交道的人都感到惋惜。

这实际上就是在提醒我们的父母，光让孩子拥有很高的学历、了不起的技能，并不是孩子可以生活得很快乐的保障。一个人走向社会，最重要的是被社会接纳，能够融入社会，而我们今天有些孩子，最不快乐的事就是很难融入社会，甚至被社会所拒绝。这往往是因为他们做人的方式有问题，不是个性过于自我，就是太看重个人利益，不善于分享，这些都是很不利于一个人有良好的生存环境的人生观念。

3. 好的人生观就是在教孩子做什么样的人。

好的人生观其实就是教会孩子做人的艺术，告诉孩子如何与他人分享，如何在社会上在乎他人的感受，注意他人的存在，告诉孩子人活着不能光考虑自己的利益，不能过于自私自我，那样不仅会没有朋友，就是连合作伙伴都找不到，可是一个人单枪匹马又能成就什么事业呢？

人生观看上去很复杂，其实很简单，就是教会你的孩子做一个好人，做一个被大家所欢迎的人，而不是大家都讨厌的人。教你的孩子做一个有意义的人，别为那些没有价值的东西活着，要活出自己的人生价值来。教会你的孩子，如何体验积极的生活，如何摆脱那些消极的念头。

如果说这个世界上人有不同，那最不同的恐怕就是人生观了，因为人生观就是每个人的活法，每个人走向这个社会的时候都会带着自己的活法，活法不同自然人生的选择就会不同。

4. 帮孩子建立了正向人生观爸爸就会很踏实。

爸爸的活法对孩子来说很重要，孩子来到社会上是一个善良的人，还是一个苛刻的人。是一个服从的人，还是一个叛逆的人，是一个体谅别人的人，还是一个谁也不在乎的人，这些人的行为特质基本反映了他的人生观是何种层次，也基本能够反映出爸爸的做人水平。爸爸的人生观教育实际上就是教会孩子如何做人。

所以想要你的孩子走向社会成为一个会让你放心的孩子，人生观的教育是必须的。也许你讲不出更多的大道理，但教会孩子做一个与人为善的人，一个善于帮助弱势群体的人，一个遵守规则，不轻易逾越底线的人，这一点我相信应该是任何爸爸都可以懂得的为人之道，当孩子背负着这样的教育独立承担他的人生路时，无论他走到天涯海角，你都会是那个心里最踏实的爸爸。

Part 11

爸爸的价值观
影响孩子的价值观

一、爸爸的价值观对孩子的影响是潜
移默化的，存在于很多细节当中

　　价值观实际上就是反映一个人对事物的看法，具体点说是一个人对事物价值意义的看法。每个人走向社会都带着自己的价值观，价值观其实就是人们在选择对事物的态度时，所运用的价值衡量体系。

　　对孩子来说，他的价值观的建立基本上取决于家庭的影响，父母的价值观是孩子最初能够接触到的最直观的态度，而这其中爸爸的价值观比妈妈更有影响力，因为价值观解决的一般都是孩子对社会上的事物的看法，爸爸的思维方式一般都比较理性，更适合孩子客观的看事物。

1. 孩子的价值观往往取决于爸爸的价值观。

　　爸爸的价值观想要影响孩子其实也很简单，首先爸爸可能要有明确而正向的价值观，对事物的看法应该客观而公正，其次爸爸要考虑到孩子的判断能力，不能把社会上一些不良的价值观灌输给孩子，这样就会影响孩子正向价值观的建立。

　　爸爸的价值观的传递对孩子来说跟人生观一样不需要太多的说教，还是身教重于言教，存在于很多的生活细节里。现在有很多爸爸把赚钱看的比什么都重要，为了赚钱顾不上陪伴孩子，顾不上照顾家庭，惹得妈妈们怨声载道，爸爸们自己也委屈，认为这样做实际上也是为了家庭和孩子。

　　这其实就是爸爸们的价值观出了问题。在他们看来，只有赚到足够多的钱才是好爸爸，所以他们会为了自己这样的一种价值观去买单。但对于孩子来说，这却不是一个好的影响，他们会在爸爸的这种行为中解读到这样的信息，那就是生活中钱才是最重要的，它可以替代一切，可以让爸爸们忘记了自己的孩子和家庭，没白没黑只为了钱而打拼。

在孩子缺乏判断能力的时候，他会认为这样的做法是对的，因为爸爸就是这么做的，等孩子进入成年，他的价值观已基本形成，如果他也用这样的价值观去选择他的生活，那他同样会给他的孩子和家庭带来痛苦和不满。

2. 九岁的男孩为什么要借爸爸的钱？

约翰是一个九岁的小男孩，他的爸爸为了赚钱每天都很忙，他想跟爸爸说上几句话的时间都没有，约翰很伤心，因为爸爸从来都没有时间陪他，他感到很孤独。

有一天，他叫住了又要出门的爸爸，想要跟爸爸说说话，可是爸爸着急地说，"我要出门，没时间跟你玩，你去找妈妈吧。"约翰认真地问爸爸，"爸爸，你一小时可以赚多少钱？"爸爸说，"大概200美金吧。"

过了几天，约翰对爸爸说，我可以借你20美金吗？爸爸说当然可以，不过你要20美金做什么？约翰对爸爸说，"我想买你十分钟的时间，让你陪陪我，可以吗？"

我相信这个时候约翰爸爸的眼里一定涌出了泪花，当孩子需要花钱来买爸爸陪他的时间时，这位爸爸挣再多的钱，也不会让他的孩子感受到快乐和幸福。

这就是约翰爸爸的价值观出了问题，在这个世界上钱很重要，但一定不是最重要的。孩子的快乐、家庭的幸福、婚姻的美满，这些可能比金钱能够给人带来的快乐更重要，如果一位爸爸在价值观上出了问题，那就会影响到他对生活方式的选择，进而影响到孩子对价值观的认知。

实际上价值观的内涵是很大的，它涵盖了人对事物方方面面的看法和认识，爸爸一定要注意培养孩子对主流价值观的认同，任何一个自由开放的社会也有它自成一体的主流价值观，虽然现在的社会价值观很多元，但无论社会走向哪里，认同或遵从主流价值观都不会是一件让孩子吃亏的事儿，爸爸们可能要看到这其中的重要性。

孩子会从爸爸的选择中看到爸爸的价值观水平，所以爸爸在跟孩子的相处中，一定要避免把那些灰色的价值观、不适合孩子心智成长的价值观传递给孩子，这会影响孩子对世界的客观认知。

3. 爸爸的价值观实际上就是在教会孩子如何做事。

如果说爸爸的人生观是教会孩子如何做人，那么，爸爸的价值观就是让孩子学会如何做事。因为做人靠的是对人的行为的认知，而做事靠的却是对世界万物的认知。

一个人成熟的标志不仅仅在看他是否会做人，更重要的是还要学会做事，只有这样，他才能够更好的去实现自己的人生价值，成为一个生活完整而没有遗憾的人。

和人生观一样，孩子的价值观也是需要爸爸从小就开始培养，经常跟孩子谈谈对事物的看法，倾听一些孩子的认知，了解孩子对事物价值概念的理解，如果发现偏差可以及时矫正，这是对孩子最重要的教育，也是让孩子不偏离主流价值观太远的一种保障。

二、不少孩子价值观混乱，行为扭曲，是正确的价值观教育缺失的缘故

因为经常做亲子教育的心理咨询，在生活中我接触了大量的问题孩子和问题父母，他们当中很多人都因为孩子的教育不成功，家庭不和谐，婚姻失败，进而缺乏生活的幸福感。

毋庸置疑的是这其中的不少家庭都属于富裕阶层，至少也是解决了温饱问题的小康之家，导致他们不为物质生活发愁，却为了自己的幸福感缺失备受煎熬的矛盾有很多，但主要的还是孩子的成长让他们很失望，这其中有只知道挥霍、不成器的富二代，也有自私利己的独生子女，更多的还是年龄已成年，心智却发育不全，无法在社会上承担独立生活责任的孩子。

我研究了一下这些孩子的成长经历，大多数孩子的价值观教育缺失，由于现在的社会很开放，价值观也多种多样，很多孩子是进入社会以后才接受的价值观的影响，因此，负面的价值观、不健康的价值观，甚至是扭曲的价值观，纷纷成为这些孩子所推崇的生活选择。自然，他们的成长就变成了让人很担心的一件事。

现在不少爸爸的价值观也处于扭曲的状态，孩子不良的价值观体系往往也是受到了爸爸的影响，现在看来，爸爸们影响孩子成长的不良价值观大体有以下几种：

1. 金钱至上的价值观。

这种价值观的爸爸在我们身边不算少，那种为了金钱打拼，很少陪伴孩子、照顾家庭的爸爸往往在他们的价值观中，金钱是最重要的。对这样的爸爸来说，他们

通常会认为，金钱就是一切，什么孤独，什么不快乐，什么亲情缺失，这些都可以是用钱来弥补。而且他们常常还理直气壮的认为，我为了家庭打拼，我赚的钱都是为了我的家庭和孩子，我这就是负责任的表现，我理应是一个合格的爸爸。

对于这样的爸爸来说，我只能遗憾的告诉他，如果你只为了赚钱就忽视了孩子和家庭的存在，不在乎他们的感受，那你失去的东西是任何金钱也无法弥补的。因为孩子的成长是不能够等待的，他的每一天过去了就不会再回来，如果你觉得你要赚够了钱再回来陪伴孩子，那你注定要失去机会。因为，也许等你赚够了钱你的孩子就长大了，他不再需要你，就像他不再需要布娃娃和足球一样。

无法陪孩子一起成长的感觉注定是一种永远不能挽回的遗憾，这是多少钱也弥补不了的事情。最重要的是，如果你是一个把赚钱看得比陪伴孩子更重要，你的孩子的价值观会跟你如出一辙，他也会成为金钱的膜拜者，带着金钱至上的价值观，走向社会，我相信他未来也很难感受到幸福的人生。

因为，金钱至上的人常常把利益看得很重，有可能唯利是图，有可能背信弃义，他不会是一个好人，也很难成为一个好人。当他交不到一个朋友，没有一个人愿意和他有利益之外的相处，甚至连他的孩子也不喜欢他的时候，我不知道钱能给他带来多少快乐，这样的人生应该不算成功。

金钱至上的价值观还会让这些孩子成年以后误入歧途，近几年80后职务犯罪激增，90后社会犯罪越来越多，一个很重要的原因就是价值观出了问题。不少刚刚走上领导岗位的80后干部，屡屡涉嫌经济犯罪，通常是因为他们信奉的俱是金钱至上的价值观，并在这种价值观的趋势下放弃了做人的原则。

所以如果孩子在成长的过程中受到爸爸这种不良价值观的影响，那他的人生风险就会很大。

2. 利己主义的价值观。

现在中国的社会很奇怪，每个人都在抱怨别人素质差，每个人都觉得别人没教养，每个人都希望遇上问题时别人能让自己一把，而当他自己遇上同样的问题时表现的却和别人同样的那么没素质。这样就形成了一种恶性循环，那就是大家都为自己考虑，怕自己吃亏，从而让社会环境整体上越来越不舒服。

　　这实际上就是一种利己主义的价值观在影响着自己的行为，使每个人都不愿意为了别人的感觉约束自己的行为，如果爸爸的价值观也是这种极端的利己主义的话，那对孩子的影响将是非常不利的。

　　有一次到一所学校去讲课，遇上了这样一件事。一位一年级的新生，和自己的同学打架，正好他的爸爸来接他放学回家碰上了，那位爸爸见两个小男生在打架，上去就帮自己的孩子打那个男孩，正好那个男孩的妈妈也来接孩子，两位家长谁也不让谁，当着很多孩子的面就扭打起来，造成很坏的影响。

　　虽然后来在校长的调解下，他们双方达成了谅解，但这一幕我相信给孩子造成的影响是非常不好的。一年级的小男生偶尔打打架我想这是常事儿，可那位爸爸不问青红皂白上去就帮自己的孩子，这种极端利己的行为真的很不可取。

　　所以跟一些老师谈起来，让他们头痛的不是孩子难教育，而是家长难相处。不少家长利己主义严重，只在乎自己的孩子别吃亏，至于别人的感觉他们从来不考虑。在家长的这种心理状态中，不少孩子也变得极端利己，凡事只要自己合适就行，不仅从来不懂得分享，还总怕自己吃亏，凡事都特别计较。

　　有的时候老师批评一下孩子，孩子马上会说，我爸爸让我这么做的，或者我妈就是这么做的，每当这种时候，老师都特别无奈，说在课堂上一天的教育都顶不上孩子的父母在家几分钟的行为影响。

　　如果爸爸是这种极端利己的人，孩子的价值观也好不到哪儿去。你看到那种凡事只在乎自己，与人相处只想占便宜，从来不想付出通常是这样的价值观极端利己主义的孩子，这样的孩子走向社会往往也很难跟别人相处，很难得到别人的接纳，实际上最后难受的还是他自己。

　　我们常说，现在的社会是一个越来越典型的他人社会，一个人在这个社会上如果不顾及别人的感受，一心一意只为自己，那注定是走不通的，或者会走得很艰难。极端利己的价值观不但不适合成年人，更不适合孩子，因为还在成长中的孩子最需要的就是懂得学会关注别人，懂得合作，懂得分享，懂得在利益方面与别人获得共赢，而不是独享。

　　这种懂得尊重别人、在乎别人的价值观，才是现如今这个社会更加需要的积极的价值观，也是孩子未来发展有好的前景的保障。不论是现在还是将来，没有人会喜欢极端利己的孩子，自私自利，只看重自己利益孩子从小就是不被欢迎的孩子，这样的孩子如果把这种价值观带入他的成年生活，那他再优秀也注定很难成为一个令人尊重的人。

如果爸爸是这种利己的价值观，对孩子的负面影响是很难估量的。爸爸应该积极调整、改善。因为这种价值观很容易带给孩子自私冷漠的个性，即事不关己，高高挂起的行为准则，这对孩子在社会上的生存是极为不利的。

3. 功利的价值观。

这种价值观在很多爸爸那里是一种习惯，它的直接后果就是无论做什么事都要考虑一下它可以带来什么利益。有的爸爸交朋友只交那些有用的，对自己的事业有帮助的。有的爸爸做任何事都务求给自己带来利益，否则就很少参与。像这样功利至上的价值观，对孩子的影响也是很大的。

维维是个六岁的小男孩，他的妈妈带他来找我咨询时，苦恼不已，原因是维维在家里不论做什么事都会和妈妈谈条件，妈妈让他把玩具收起来，他会说，"我把玩具收起来，你会给我什么好处？"妈妈让他吃蔬菜，他会跟妈妈提要求，"妈妈，我把蔬菜吃了，你必须让我看一小时动画片。"连妈妈感冒了，想让他倒杯水给自己，他都会说，"妈妈，水是我给你倒的，你得让我玩会儿电脑。"

这个无论干什么事都要有回报的小男孩让妈妈几尽抓狂，我问妈妈她为人处世是这种很功利的习惯吗？妈妈连连摇头，可聊起孩子的爸爸，妈妈就有些不满了。

她说维维的爸爸是一位公司老总，平常应酬很多，但他没有朋友，甚至一个知心的朋友也没有，因为维维爸爸只交有用的人。他说没工夫去交那些没用的人做朋友。回到家里，维维爸爸说的最多的就是谁又给他带来了什么样的利益，谁一点用都没有，什么事儿也做不成，早晚要把他踢出朋友圈儿。维维爸爸说不跟没用的人来往是他的做人原则。

维维妈妈的话很快就让我明白了，六岁的维维他那功利的心态是从哪里学来的。实际上就是爸爸这种极端功利的价值观，给了孩子耳濡目染的影响，让他觉得人与人之间的相处就应该是相互利用的，你用我做什么就得给我什么回报，否则我是不会给你做的。

　　因为他毕竟只有六岁，对很多事情缺乏判断能力，因此对于爸爸的做法他只会照单全收，连跟妈妈之间也变得很功利，以至于让他妈妈很受伤。

　　这样的孩子如果真的形成了如此功利的价值观，那他将来成年以后会比现在走得更远，这种价值观会成为影响他成年以后与人交往最大的障碍。

　　有一段时间我在一所大学采访，很多大一新生都跟我吐槽那些让他们无法接受的同学。他们有的是非常利己，凡事只考虑自己的感受，对别人从来不在乎；有的就是非常功利，他帮你一次，他就得让你帮他一次，他帮你做点事儿一定得有回报，否则就会很不开心。

　　还有的同学拉帮结派，只跟那些家境好的、父母有权势的同学来往，而来自农村的同学，家庭条件差的同学他们就会熟视无睹，特别淡漠。甚至有些同学之间的交往也很功利，相互之间好像都要有共同的利益才可以成为好朋友，这些现象让很多同学感到不习惯。

　　我曾经说过，大学阶段是一个人成年后走向社会的过渡，这是社会给孩子们的一个机会，他们在这里能够学到技能，学到有用的知识，更重要的是他们在这里能够学会如何与人相处和交往，如何建立自己的责任感，如何掌握社会的生存规则。

　　这应该是孩子走上社会之前最单纯的时期。可如今的大学校园里再也找不到这样的单纯，各种不良的价值观让孩子们的大学生活变得越来越复杂。很多社会上的风气在大学校园里都看得见，这其中有孩子们的问题，我认为最重要的是家长的言传身教。

　　事实已经证明，如果爸爸的价值观很功利，孩子也一定是非常功利的价值观。这会直接影响到孩子长大成人后的生活，与人的交往，爸爸不应该任由自己的这种价值观发展下去。尤其是在孩子小的时候，他缺乏是非的判断能力，也很难把握好分寸，这种价值观一旦成为他为人处事的习惯，就会影响他成年以后的生活和社会对他的评价。

　　所以爸爸一定要注意尽量不要把这样的价值观传递给孩子，即使有些事情必须功利，也应该尽量避开孩子，或者给孩子一个合适的解释，不要让孩子过早的参与到这样的规则里来，避免让孩子用这样的价值观去看世界。

4: 不劳而获的价值观。

对于不劳而获的价值观有些爸爸也许并没有注意到，虽然他也并不赞成这样的价值观，但他的意识行为却给了孩子很多暗示，他是可以这样去做的。

赵磊大学毕业已经四年了，可他却从来没正经工作过，除了一年跳十几次槽，他在每一个岗位上都待不会超过一个月，你问他为什么会这样？他就会有各种抱怨和理由，总的来说都是工作太累，挣钱太少，老板要求太高，同事相处很难。

可没有工作的赵磊却该谈恋爱谈恋爱，该结婚就结婚，什么也没耽误了，为什么底气这么足？因为他有一个好爸爸。其实赵磊的爸爸是个普通的公务员，经济条件一般，但他自己却什么都不舍得，把所有的收入都用在了儿子身上。

每次赵磊找工作受挫，爸爸就会宽慰他，"别担心，有爸爸呢，爸爸的钱都是你的，不开心做就别去做了。"爸爸的这种态度给了赵磊很大的"鼓励"。一开始没工作他还着急，后来索性就在家啃老，每天晚上玩游戏白天睡觉，花钱就找父母要，后来他结婚有了孩子，父母就开始养着他们一家三口。

对这种局面赵磊妈很着急，但爸爸却觉得挺好，跟妈妈说，"没事，反正咱们也养得起他们，就这样吧，孩子在家不出去惹事也是一件好事儿。"

像这位爸爸就是典型的把不劳而获的价值观通过行为传递给了孩子？他的这种对孩子的纵容，从某种意义上来说鼓励了孩子的啃老行为，并把这种不劳而获的意识和行为合理化。

中国现在到底有多少啃老族，有多少靠着父母过着不劳而获的日子的孩子？早在2009年就有数据显示，中国大学毕业生当中有多达16.51万的啃老族，而且，根据老龄科研中心的调查，中国有65%以上的家庭存在老养小的现象，有30%左右的成年人基本靠父母供养。

这些已成年却必须靠父母才能把日子过下去的孩子，啃老的理由各种各样，但有一点是可以肯定的，那就是在他们的价值观里，不劳而获、坐享其成并不是一件可耻的事情。

我认为孩子变成了这样一种人，不能只怪孩子，这其中是父母的价值观出了问题。很多父母认为自己有能力养活孩子，有能力让孩子不必参与社会竞争也可以生活得不错，这种观念延续到孩子成年以后，就成为了孩子们可以躲在父母背后安享舒适生活的理由。

可是当孩子长大成人，他能够走向社会找到自己的位置，并不仅仅是要学会生存，他还要找到实现自我价值的途径。因为自我实现是每一个心智健全的人的心理要求，也是人的本能。

父母容忍孩子享受不劳而获的生活背后，实际上是剥夺了孩子自我实现的机会和权力。在这样的环境下生活的孩子心理不会特别健康，甚至还会出现精神抑郁、行为障碍等心理问题。

2008年，北京就发生了这样一起啃老的儿子因琐事与父母争执，用斧头把双亲活活砍死的惨剧。后来这个儿子被执行死刑，留下了年轻的爱人和幼小的孩子。

这个男生就是大学毕业后，不想走上社会找工作，就一直在家里啃老，后来结婚生子，他的父母都是普通工薪阶层，经济也不宽裕，两位老人养着三个小的，经常为了家务事争吵，结果这个儿子一时冲动便抢起了斧头，两位老人命丧黄泉。

发生这样的悲剧是谁也不想看到的，可是你能把责任都推到这个男生身上吗？是不是他的父母在这其中也有非常重大的责任？

孩子不劳而获的价值观一旦养成对他将来的成长极为不利，这个真的值得父母重视起来。尤其是做爸爸的一定不要在这方面纵容孩子，中国的富二代为什么不成器的多？惹是生非的多？炫富高调的多？就是因为他们大多把不劳而获当成一种很值得炫耀的品质，把坐享其成看作是理所当然的。当然这种非理性行为也给他们带来了恶名，使他们难以获得尊重。

你不能否认富二代的这种价值观跟他们的爸爸无关，很多并不是创一代的爸爸都把孩子的这种不劳而获，当成一种很正常的观念来看待，更何况那些真的除了有钱没别的的爸爸。

想要孩子不养成这样的价值观，最重要的是爸爸的价值观要合理而科学。爸爸要懂得为孩子的一生负责，因为只有拥有良好的价值观，孩子才可以有健康的成长，成为一个可以承担人生责任且心智健全的人。

5. 物欲至上的价值观。

前几天，美国的iphone6在中国首发，引起了狂购热潮，苹果专卖店门前排起了长队，无数粉丝翘首以盼，成为了一种独特的风景。看这些狂热的粉丝里大多是年轻人，对很多人来说，他们并不是真的很需要这样一台手机，只是这是一种消费的时尚，于是他们喜欢追逐。

对于刚刚富裕起来的中国来说，很多人开始遵循物欲至上的价值观。于是2013年中国人买走了世界上60%的奢侈品，中国人旺盛的消费欲让很多高档品牌制造商又是欢喜又是忧。欢喜的是经济不景气，他们的盈利可以靠中国人的慷慨。忧的是中国人只问价钱不问品质的消费观，让他们对品牌的品位是否能够得到很好的传播有了疑问。

我曾经在很多次出国旅行的时候，看到中国的父母买东西，几乎是不问价钱和不看品质的样子，似乎只要是名牌就可以掏腰包，也不在乎是不是适合自己。

而那些跟着父母的孩子自然也是非名牌不要，非名牌不看，一路名牌买下来。有一次去美国，一位爸爸一下子给自己的孩子买了几千美金的名牌衣服，而他的孩子还不到十岁。

我看到正是家长的这种不可遏止的物欲给了孩子相当大的影响。所以很多人都感觉现在的孩子挣的比花的多，工作没几年，什么都想要，物欲来得气势汹汹，这一定是跟家长物欲至上的价值观一脉相承。

6. 成为物欲的奴隶注定不会快乐。

我认识的一位爸爸喜欢房子，虽然他已经有两套房子了，但他又贷款买下了第三套房子，每个月为了还贷款他疲于奔命，常年在外工作，孩子和家庭根本就顾不上照顾，他跟孩子几个月才能见上一面，为此孩子的妈妈意见很大，可是这位爸爸没办法，他需要赚很多钱为他的物欲埋单。

我相信这样的爸爸即使将来很富有他也不一定会快乐，因为房子再多，他也只能睡在一片屋顶下，但他跟孩子之间的相互陪伴错过了却是无法弥补的事情。关键是这位爸爸会给孩子造成这样的影响，那就是生命中物质的追求永远比情感和对家人的爱更重要。

这样的价值观会让孩子成年以后，也变成这样对物欲特别看重的人。我对现在的年青一代就有这样的看法，有些孩子真的把物质与消费看得比什么都重要，热衷于在物质上寻求情感的满足。那些什么工资月月光的"月光族"，网购停不下来的"剁手党"，一天到晚挂在淘宝网上的"买买买"族群，就是在这样一种物欲的支撑下，不断地把拥有物质当成最大的精神享受的一代人。

物欲至上的价值观最终带来的是精神上的空虚和行为上的失控，有时候会形成一种行为障碍，严重影响孩子成年以后的生活。

前不久，北京的一位丈夫就把自己新婚妻子告上了法庭，说自己娶了一个淘宝妻回来，自从结婚以后，妻子不去工作，天天在家里上淘宝网购，家里买的东西好多都没有打开过，但各种快递还是源源不断的送上门来，新婚丈夫在屡劝无果后，再也很难忍受妻子这种把家庭经济搞得入不敷出的行为了，一纸诉状把妻子告上了法庭，坚决要与购物狂妻子离婚。

像这样的个案其实现在已经屡见不鲜，如果你的物欲得不到很好的控制，最大的可能就是害人害己，影响家庭和婚姻。这实际上也是价值观出了问题，现在社会的富足让很多中国人认为物欲强一点没什么问题，但当你的物欲强过你的能力之后，你还无法控制，这时候就会给生活带来很大危机。

孩子的价值观很大程度上是受父母影响的。尤其是如果爸爸的价值观不能够在正常的领域，就会给孩子带来更大的影响。价值观的教育对孩子来说就是他如何看待自己生活的教育，这是孩子走向社会后如何选择他自己的生活的问题，也是他未来有什么样的发展的问题，需要爸爸们给予更大的重视与关注。

以上所说的这些不良的价值观，都完全不应该传递给孩子，尤其如果你的孩子还小，爸爸就更应该注意，因为价值观的影响基本也是终生的，有什么样的价值观就决定了孩子有什么样的人生，这是对孩子一生都很重要的课程，需要爸爸们认真思考，认真面对。

7. 价值观扭曲会让孩子走偏人生路。

现在有不少走上社会开始打拼自己人生的孩子，就是因为价值观混乱，缺乏正确价值观的引导，才导致了行为没有底线，做人做事都很失败的结果。

有的年轻的80后、90后价值观扭曲，他们开始创业后，完全金钱至上，什么赚钱做什么，做黄色网站的、暴力游戏的、盗版软件的，一点社会责任感都没有，在给社会带来了很坏的影响后，他们年纪轻轻就锒铛入狱，被法律严惩。只有到了这种时候，他们才发现自己不仅触犯了道德底线，更碰触了法律的高压线，说到底就是价值观的问题让他们的行为出现了偏离，就会选择出现了负面效应。

　　由于孩子成长中的大部分时间都来自家庭。因此，父母的价值观教育对孩子来说至关重要，这不仅是母亲的责任，更是爸爸的责任。一个负责任的爸爸一定要在价值观问题上多与孩子交流，及时发现孩子的问题，及时进行引导，这种观念多是在孩子小的时候形成的，因此，价值观的引导对孩子来说开始得越早越好。

Part 12

爸爸对婚姻家庭的态度
影响孩子成年以后对婚姻家庭的态度

一、孩子是从爸爸对婚姻家庭的态度
中看到自己应该怎么做的

1. 不愿意为婚姻负责任的儿子是怎么来的?

前不久，有这样一位妈妈找我咨询，她的儿子38岁，已经离了两次婚了，儿子结婚两次，有两个孩子，可是都让女方带走了，这让这位妈妈很伤心。

这位妈妈说她是单亲妈妈，孩子六岁时，他爸爸喜欢上了别人，跟她离婚走了，后来跟别人结婚了，还生了个女儿，但对这个儿子爸爸并不很重视，从小到大很少陪他。后来他爸爸又离婚了，因为没地住，又回到了原来的家里。

这时候儿子已经14岁了，他很讨厌爸爸，曾经跟妈妈说他恨爸爸，正在这位妈妈以为丈夫回心转意想要回来跟他好好过日子时，丈夫大学同学聚会，一位他以前有好感的女生从国外回来，这位女生单身离异，她的丈夫马上提出要搬出去，因为那位女生说也一直忘不了他，希望他跟她一起去国外定居。

就这样，丈夫二话不说就又走了，那时候正好儿子面临中考，她很无奈，又不想让孩子压力太大，只好装作若无其事的挺过了那一阵儿。丈夫走后再也没有回来，平时连个电话也没有，这么多年她靠自己的力量把孩子抚养大，让孩子读了研究生，等孩子成了家，可她发现，这孩子一点也不能让她省心。

第一个妻子是研究生同学，按理说应该志同道合，可不知为什么，儿子就是不满意，经常夜不归宿，有了孩子后，她儿子嫌烦经常不回家，时间一长妻子意见很大，听说他在外面也乱交什么网友，妈妈几次劝他要珍惜家庭，要为孩子多想想，儿子永远是一副无所谓的样子。

后来，他孩子三岁的时候，女方坚决要求离婚了。离婚以后儿子曾表示再也不结婚了，嫌麻烦太多，可没过几年，一个怀孕的女孩找上门来，说跟她儿子在网上认识的，已经交往三年了，现在女孩怀孕了，说到处都找不到他。

这位妈妈一听马上给儿子叫了回来，女孩坚决要他负责任，在妈妈的劝说下，儿子勉强结了婚，不久，孩子就生了下来，可她发现他的儿子并不喜欢这个孩子，也不怎么珍惜这第二次婚姻，对妻子的态度很恶劣，她经常劝儿子别这样对待自己的家庭，可儿子却经常说，"我爸不就是这样对待你和我的吗？我说什么了，这不能怪我，这得怪我爸。"

儿子这样他的婚姻自然也维持不了多久，孩子两岁时，女方和他离婚，带着孩子离开了他。这时这位妈妈才突然意识到，她儿子可能是有心理疾病，她找我来咨询就是想寻求帮助，从这样一种情绪和行为中走出来，她说，"她不想看着儿子因为他爸爸毁了自己的婚姻和生活。"

实际上像这位妈妈的个案，我在咨询中经常可以遇到。很多成年以后无法处理好自己生活和婚姻关系的人，几乎都有这样经历父母的离异，或在情感上被父或母抛弃的生活。

这位母亲的孩子就是一个很典型的例子，看着爸爸如何对待家庭和婚姻的态度，然后有了自己成年以后的行为选择的人。因为他爸爸在他小时候表现得很不负责任，几次抛下他们母子只顾自己的感受，这种行为不仅给这个孩子很深的伤害，也给了他深刻的印象，让他觉得原来爸爸还可以这样做。

当他成年以后，也许他因为痛恨爸爸对家庭的不负责任，并不想做一个像爸爸那样的男人，但潜意识里他却会不自觉地犯和爸爸同样的错，有时候这种潜意识他可能都察觉不到，但他的行为却是这么做的。

因为有爸爸的行为在那儿，这样的孩子通常自己的道德底线都会比较低，他会想爸爸都可以这么对我，我为什么不可以如此对待我的孩子？尤其是那些在爸爸的抛弃行为中备受冷漠的孩子，长大后对他们的孩子冷漠的可能性最大。

2.统计显示，离异的家庭孩子的离异度最高。

如果爸爸是一个在感情选择上很随便的人，轻易就会放弃家庭和婚姻，他的孩子也会用这样的态度来面对婚姻和家庭。所以，在统计调查中早就发现，父母离异的家庭孩子离异的比率最高，爸爸或母亲有出轨行为的家庭里，孩子成年以后出轨的比率也是最高的。

有时候人们对这种情况解释不清就爱用宿命来解释，实际上宿命本身也是行为和心理影响的结果。像上面的那位母亲，她的儿子无论从心理和行为上都很像他的爸爸，爸爸从小就不重视他的存在，他对自己的孩子也一点没兴趣，两个孩子都让孩子的妈妈带走了，这是在常人来看无法理解的事情。

他的爸爸两次抛弃家庭和婚姻都是因为婚外情，而他也是因为屡屡出轨才导致了两次婚姻的失败，爸爸在他小的时候给他的伤害越大，他就越会表现得越像爸爸，这是爸爸的行为在他的心理投射的缘故。

像这样的孩子，实际上他的行为也是一种心理应激反应，基本上他小时候受的伤害有多大，他的表现就会有多糟糕，说他心理是一种扭曲状态也不为过。

我给这位母亲的建议是，她需要跟儿子好好谈谈，对他爸爸当年的行为要有一个是非界定，让儿子明白爸爸的做法是极端错误的，伤害了家庭和孩子，而他如果继续走爸爸的老路，他会比自己的爸爸走的更远，这是很可怕的事情。

我建议单亲妈妈，想办法跟孩子的爸爸联系一下，解铃还须系铃人，也许他儿子的心结只有他爸爸才能帮他打开。这么多年过去了，他爸爸也已进入晚年，我相信看着儿子这样总是无法把握幸福，总是会伤害别人也伤害自己，他作为爸爸不会很心安理得，毕竟，当年是他的不负责任才导致了这一系列问题的发生。

我认为他爸爸欠孩子一个解释，他有责任帮助他的儿子走出这种心理和行为的恶性循环，否则孩子继续这样下去，不会有好的结局。

3. 单亲的孩子不快乐大多是因为爸爸的不负责任。

现在是开放文明的时代，谁也不需要守着没有爱的婚姻，只为了孩子而坚持着，但是开放的时代也给很多人带来了各种诱惑和机会，应该说社会上各种不责任的爸爸母亲越来越多，这其中又以爸爸为多数。我曾经写过一本书《不完整的天空》，写的是目前中国许多单亲家庭和他们孩子的生存现状。

在我采访的许多单亲家庭里，70%的孩子是跟着单亲妈妈，几乎有一半以上的孩子是很少能够见到爸爸的，也有一些孩子自从父母离婚就再也没见过爸爸，大多数爸爸对孩子很少有经济上的帮助，更谈不上情感上的慰藉，绝少有爸爸会定时主动陪伴孩子，单亲的孩子很多都是被爸爸遗忘的孩子。

我一直认为家庭的形式跟家庭的内容相比，并不是最重要的，只要教育功能齐全，父母都是有责任感的人，能让孩子感受一片完整的天空，父母是不是离异并不重要。

但是对于中国的单亲孩子来说，这却几乎是不可能的事儿，很多爸爸一旦离婚，就消失得无影无踪，哪怕妈妈期望他偶尔来看看孩子都是很难的事儿。

这些爸爸有的自己又成立了家庭，有的又有了自己的孩子，也有的即使是一个人过也不愿意去陪陪孩子，究其原因，我想最主要的就是爸爸责任感的缺失，和对孩子成长中教育的忽视。我在这里不是想说单亲家庭，我想说的是有太多的爸爸，没有注意到他们的行为，他们对婚姻和家庭的态度，对孩子形成的影响有多可怕。

别的不说，就说这些单亲家庭的孩子，如果他们就是在爸爸这样一种不负责任的环境中长大，他们会用什么样的态度来对待他们自己的家庭和婚姻，来对待他们自己的子女，我想这不是难以想象的东西。

所以现在有些家庭的父母在孩子找对象这件事上表现得很明显，就是不愿意自己的孩子找单亲家庭长大的孩子，这虽说是有点过分，单亲家庭的孩子只要教育得当也有很多非常优秀的，但这反映了一些家长的心态，就是担心单亲家庭的孩子受到不好的家庭影响，出现心理和行为上的问题。

这也说明了已经有很多家长注意到了，父母对待婚姻家庭的态度会直接影响孩子对婚姻家庭的选择问题。尤其是爸爸们对自己婚姻家庭的态度，会让孩子受到更大的影响。

4. 单亲的孩子成年后很容易让自己的孩子沦为单亲。

调查显示，单亲家庭的孩子成年以后，让他们自己的孩子成为单亲的比率远远高于双亲家庭的孩子。香港著名影星谢霆锋从小就来自于一个单亲家庭，他和著名女星张柏芝结婚时，曾经表示，他和柏芝都是来自单亲家庭的孩子，所以他会努力，不让自己的孩子在单亲的家庭里长大。

相信当时谢霆锋这句话让所有人都很感动，粉丝们都对这对金童玉女的婚姻特别有信心。可是仅仅五年后，谢霆锋和柏芝分手，离婚让他们两个幼小的儿子一夜间沦为单亲的孩子，谢霆锋的誓言早已成为了浮云。

这其中的模式就像谢霆锋小的时候，他的爸爸谢贤跟妈妈狄波拉离婚，让他和年幼的妹妹也在一夜间沦为单亲的孩子几乎一样，所以从中不难看出，爸爸对待婚姻家庭的选择对孩子的影响有多么直接。

其实不管爸爸有多少理由可以支持他放弃婚姻和家庭，这其中最重要的一点便是责任感的缺失，和对婚姻家庭的重视程度不够。有的单亲家庭虽说是妈妈提出的离婚，但也往往是因为爸爸的问题而导致的这种结果。

很多时候我们说态度决定一切，不管你在婚姻中遇到了多少问题，不积极面对，想办法解决，只想逃避或放弃，这当然是一种很不负责任的态度。尽管你是成年人，你尽可以按照你的想法去选择，可是你想过没有，如果你有孩子他会怎么想，你希望他长大成人以后，面对他的婚姻家庭也和你一样想逃避就逃避，想放弃就放弃吗？

如果他是个男孩，你想过没有？他是不是会成为一个和你一样不在乎伤害家庭和孩子的爸爸？如果她是个女孩，你希望看到这样不负责任的男人伤害她吗？

孩子真的是从爸爸对婚姻家庭的态度，看到他成年以后该怎么做的，太多个案证明了这是事实，因此如果你是一位爸爸，可能要更加注意自己在婚姻家庭里的责任承担，不要轻易给孩子造成这方面的伤害。在所有的伤害中，爸爸轻易就放弃婚姻，抛弃家庭，不管有什么理由，都足以让孩子的人生从此变得很沉重。

二、对婚姻家庭不负责任的爸爸，会让孩子成年后陷入两个极端，要么远离婚姻家庭，要么对承担责任充满了恐惧，因此无法拥有幸福的人生

我认识一个朋友，他的事业很成功，生意做得很大，人也很英俊，喜欢他的女孩非常多，可是他45岁了就是不想结婚，为了这件事，他70岁的妈妈非常着急，可他说自己害怕婚姻，不想承担责任，所以打算一辈子独身。

还有一个女孩她为了丈夫的事来找我咨询，她已经结婚好几年了，可就是不想要孩子，不仅这样她还总是对丈夫不放心，丈夫一出差她就提心吊胆的，害怕丈夫一走就再也不回来了。为了她的不信任，她的丈夫很烦，已经准备跟她离婚了，可她就是无法遏制自己的恐惧，总是担心自己不知哪一天就会被丈夫抛弃，为此，她不得不求助于心理帮助。

像这样的成年人不管是男士还是女士，你问他们的经历，一定生活中都有一位对待婚姻家庭不负责任的爸爸。

1. 爸爸对婚姻不负责任会影响孩子成年以后对婚姻的态度和行为。

那位选择不婚的男士，11岁时看着自己的爸爸带着别的女人离开了他和妈妈，接下来的日子没有爸爸的他在学校被人欺负，也只能一个人孤独的哭泣。为此，他痛恨爸爸，认为爸爸生了他却没有好好照顾他。他也痛恨婚姻，他觉得婚姻对大人来说无所谓，最痛苦的是小孩子，因此，他拒绝婚姻的原因是不愿意看见孩子受伤害。

那位总是害怕自己被丈夫抛弃的女士，三岁时被爸爸送到了奶奶家，从此以后再也没见到爸爸，母亲也很少见到，她是奶奶抚养大的，经历了难以想象的艰难。

所以她的安全感严重不足，由于与父母分离得太早，她有严重的分离焦虑症，一旦她的亲人离开她，她就会坐立不安，心绪不宁，什么事都喜欢往坏处想，尤其担心她爱的人和爱她的人再也不回来了。

这种心理障碍完全破坏了她目前的幸福生活，让她根本享受不到幸福感，也破坏了她的婚姻关系。由于她一直对做母亲心怀恐惧，她的丈夫完全不理解她的做法，对她莫名其妙的恐惧和焦虑情绪根本无法接纳，更谈不上理解了。

这位女士谈她为什么不想做母亲，主要是因为恐惧，由于从小被爸爸遗弃，她太知道对于一个孩子来说这是什么样的痛苦，因此她很害怕自己的婚姻不能持久，哪天丈夫走了给她和孩子带来相同的伤害，她也害怕自己没这个能力承担孩子的抚养责任，对成为一个母亲的意愿深深的恐惧，成为无法逃避的梦魇。

这些形成了强烈的心理障碍的人虽已成年，但基本上他们对婚姻家庭的看法都停留在小时候的心智上，也就是无论他成年以后有了什么样的生活，他都无法安享幸福，他会让爸爸离开的那一幕永远留在自己的脑海里，不断想起那些伤害。这些当时看上去没那么严重的问题，如果到了他们成年的时候还没有得到解决，就会成为他们内心难以消弥的块垒，严重影响他们的情绪和行为，左右他们对生活的选择。

2. 被爸爸遗弃的孩子终生有不安全感和缺乏信任感。

不少爸爸也许在做出他们对婚姻家庭的决定时，并没有考虑这样做会对孩子造成什么样的影响，有的爸爸也许在想孩子还小，不怎么懂事儿，所以离开他也不会有太大的伤害。

但事实已经证明，哪怕是几个月大的婴儿也会对爸爸离开他，有深深的恐惧，因为他会从母亲的情绪中感知，会从人们对他的态度中感知他的生活中发生了什么，虽然他可能还不会表达，但对那个离开他再也没出现的男人，他始终会有感觉，因为那个人是他的爸爸。

很多孩子会认为是自己不够好，爸爸遗弃了自己，这种心理会成为孩子心里永远的痛。即使他长大成人，即使他有了自己的伴侣，他也会一直这样纠结，自卑、自怜、不自信这些很不利于心理健康的情绪会与他如影随形。

最重要的是爸爸的离开会让孩子有强烈的不安全，这让他很难信任别人，容易产生持久的分离焦虑，这种分离焦虑的外在表现就是特"粘人"，尤其是对跟他有感情的人，这也不放心那也不放心，时时刻刻都不能脱离他的视线，这样一来他的这种情绪就变成了别人的一种负担。很多单亲的孩子组建家庭后容易出现各种问题，其中很大的原因就跟他们普遍安全感不足，心理上不够放松有关。

3. 爸爸过于追求自己的情感自由会让孩子的生活很残缺。

很多爸爸都认为自己是自由的，想怎么选择就怎么选择。在这个问题上我认为你真的不是你想的那样自由，只要你选择进入婚姻，选择做了爸爸，你就应该约束自己的行为，因为你的生活里不再是你一个人，你有妻子、有孩子，你是一个家庭责任的承担者，你不可以轻易就去选择那些让你的孩子承受不了的自由。但是想要自由你完全可以不必做爸爸，更完全不必走进婚姻，这一定是你的权利。

因为成为一个爸爸真的不是生理上没问题就可以的事儿，孩子是你的，你给他什么样的生活他就会长成什么样，你离开他让他的生活残缺，他一定是不完整的，无论是心理还是行为。

最可怕的是他可能会把这种不完整再带进他成年以后的生活，给他的孩子一份和他一样苦涩的成长，这种结局我相信是谁也不希望看到的。因为，孩子常常是从爸爸的身上看到，他应该怎样对待家庭和婚姻的态度。

三、对婚姻忠实、对家庭负责的爸
爸，对孩子的妈妈好，是孩子最好的
人生榜样

我觉得作为一个好爸爸，你不必太有钱，也不必太能干，更不必特有名，你对婚姻忠实，善待你的妻子和孩子，热爱你的家庭，重视家人的感受，我相信你已经是一位很优秀的爸爸了。

其实这样做一定不是只为了你自己，很大程度上这是对孩子的教育和影响。你对妻子懂得爱护、尊重，在生活上知道体谅她，在尊严上会去维护她，懂得爱护孩子的妈妈，这些你的孩子都会看在眼里，印在脑海里，将来他也会这样去善待他的伴侣，这样去经营他的夫妻关系。

1. 爱家的爸爸会收获一个爱家的好孩子。

你对待家庭的态度特别负责任，凡事以家庭的需要为先，在乎家人的感受，经常为了家庭而放弃自己的一些乐趣，经常抽专门的时间来陪伴家人，经营家庭生活，你的家庭和谐而温馨，这样的态度不仅会让你的孩子有足够的安全感，还会让他特别自信健康。

在你的孩子有了家庭后，他也一样会像你那样，成为一个对家庭尽职尽责的好丈夫、好爸爸，给他的孩子一份好的生活，这种行为对他来说是很自然的，因为他从小就在这样的爸爸身边长大，所以他知道只有这样才会给他爱的人幸福。

作为一个爸爸给孩子一份对婚姻家庭的责任感，我相信这是最有价值的财富了。如果一个人成年以后欠缺了这份对婚姻家庭的责任，我认为你即使给他一个豪门，他也不一定可以体会到幸福。

因为金钱能够带来的幸福真的是有限的，而家庭的幸福、孩子的健康成长，家人的信任和爱护带来的幸福感才是持久的。

2. 对家庭有担当的爸爸是孩子的人生榜样。

没有一位爸爸不希望自己成为孩子的人生榜样，而爱家、爱孩子、对婚姻负责任的爸爸，是孩子最好的生活老师，也是孩子效仿的最好榜样。爸爸对待自己家庭和婚姻的态度，会有助于儿子未来成为一个好丈夫、一个好爸爸。更会让自己的女儿从小就知道什么样的男人是适合她的，她会因此而找到属于她的那个懂得为家庭和婚姻负责任的好男人。

这样的爸爸会因为给了孩子一份完整的人生而倍受尊敬，他会因此而得到更高的社会评价和良好的声誉。

其实有时候幸福很简单，成为一个好爸爸也很简单，那就是有担当、有责任，不为了别的，也要为了自己的孩子。今天你给他的幸福，会成为一种精神在他手里传承下去，作为爸爸承担的不仅仅是你家庭今天的幸福，孩子未来的幸福与否实际上也跟你息息相关，有可能你怎么对待你的家庭，他就会怎么对待他的家庭，这是有太多个案证明了的现实。

Part 13

爸爸的情商
影响孩子的情商

一、爸爸是一个有情商的人，孩子的
情商一定不会太低

情商（EQ）具体说就是一个人情感和情绪变化的量化指标，也是一个人是否善于表达、情感是否丰富、是否善于处理人际关系的能力的外在表现。它主要指一种情感因素，一个人会不会在生活中运用情感因素去影响方方面面的关系的能力。

它也被称作是一种情感智慧，近几年的研究发现，在人的成功过程中，情商比智商还要重要。总的来说，人与人之间的情商在先天条件上并没有太大差别，更多的是跟后天的影响和培养息息相关。

情商主要包括五个方面：

A. 情绪的自我控制和自我了解

B. 情绪的自我管理

C. 自我激励

D. 处理人际关系的技巧

E. 识别他人的情绪

研究还发现，爸爸的情商比母亲的情商对孩子的影响还要直接，这一个是基因方面的问题，更重要的是爸爸的行为对孩子的影响更有力量。因此爸爸的情商对孩子来说至关重要。

1. 爸爸的情商指数直接决定孩子的情商水平。

一般来说，爸爸的情商比较高，孩子的情商也会很高。因为，爸爸对孩子的影响基本上是从情绪和行为两个方面。情商高的表现主要是在情绪的变化和释放上。

情商高的爸爸通常感情很丰富，情绪变化特别明显，而且他善于表达，尤其在情感上善于与别人分享他的感受。这样的爸爸会让生活变的丰富多彩，也会让孩子很喜欢他。

曾经有很多妈妈问过我如何判断一个爸爸是否有情商，我告诉他们一个最简单的判断方法，那就是如果一位爸爸常年沉默寡言，不苟言表，面无表情，没有什么事儿可以让他感动得落泪，也没有什么事儿让他乐得手舞足蹈，对一切事儿他都感觉很漠然，很少有自我的感情流露，更绝少有对别人的情感表达，这样的爸爸十有八九没有情商或情商很低。

情商很低的爸爸是一个很难相处的人，因为他不善于感情流露和表达，他的很多情绪你根本无从了解，你不知道他是开心还是悲伤，更不知道他是喜欢还是不喜欢，这样的爸爸让人觉得很累，因为他的一切都要你去猜，你没办法走进他的心里，更很难和他沟通，他看上去就是一个很孤独的人。

最令人担心的是这样的爸爸会把这种气质传递给他的孩子，在习惯沉默寡言的爸爸身边长大的孩子，通常成年以后也习惯沉默寡言，不善表达，因为他根本就不懂得如何来用语言表达自己的情绪，也缺少这种习惯。

情商低的爸爸通常习惯没有色彩的生活，每天按部就班的工作上班，吃饭睡觉，他很少有自己的爱好，对什么都缺少兴趣，生活对他来说就是一张程序表，按节奏进行就可以了。

这样的爸爸缺少创造力，更缺少改变生活的勇气和智慧，大多是靠本能生活着，应该说我们身边这样的爸爸不少，所以我们的生活中缺少活泼的孩子，缺少有创造力的孩子，更缺少善于表达自己、情感丰富的孩子。

所以我跟很多未婚女性都谈过，在选择丈夫的时候，不能光看那些外在的标准，这个男人内在的素质，他情商的高低不仅直接决定了你们未来婚姻的质量，还直接决定了你的孩子未来的质量。

2. 成功的人往往是情商比智商还要高的人。

现在已经有越来越多的个案证实，那些人生成功的人，并不仅仅是靠智商，有的人的智商甚至还低于平均水平，让他们获得成功最重要的因素是，他们的高情商。因为他们更善于情感表达，更擅长用情感调解人际关系，更善于控制自我的情绪，更善于自我激励。

正是这些基本上跟他们智商无关的胜出因素，让他们打败了对手，有的时候还是很强大的对手，成为金字塔尖上的少数人。所以对于孩子来说，情商的教育真的比智商的开发还要重要十倍。情商高的孩子可以不用读名校也可以获得成功，而情商低或者干脆就没有情商的孩子，即使读了名校也很难成为特别成功的人，这是有很多案例证明过的规律。

重视爸爸对孩子情商的影响，实际上就是在帮孩子成长为更加优秀的人。如果爸爸本身就是一个情商特别低的人，那么爸爸有责任让自己在情商的训练上得到一定的提升。

情商在很多时候其实就是一种生活的态度，这本来是人生来具有的能力，只是有的时候在环境和文化的抑制下，人们特别不注意开发这方面的潜能，慢慢地就会失去这种能力。

其实，只要你想变成情商高的人，也是有很多途径的，这是非常有可能的事儿，只是需要你用心去体验。

二、情商高的爸爸会更加注重与孩子
的情感交流，培养出更优秀的孩子

1. 情商高的爸爸更重视与孩子的情感交流。

与情商低的爸爸在一起生活，孩子通常会觉得很沉闷，因为情商低的爸爸不善言辞，更疏于表达内心的情感，他不善与人交流，有时候与人相处都有些困难。孩子在他身上既学不到良好的情感交流方式，也很难得到与人交往的引导，孩子也会变的情商很低。

而情商高的爸爸情绪很活跃，喜怒容易溢于言表，感情很丰富，特别是擅长情感表达，跟这样的爸爸在一起生活，会感觉生活是多彩的。最重要的是情商高的爸爸跟孩子相处，非常懂得与孩子进行情感交流，孩子跟这样的爸爸在一起不仅感觉很快乐，而且可以学到爸爸与他情感交流的方式。

2. 情商高的爸爸更善于观察孩子的情绪变化。

情商高的爸爸善于控制自己的情绪，也善于观察孩子的情绪变化，每天见到孩子都会用心的关注孩子的情绪变化。比如他会经常问孩子，是否开心？是否有什么不开心的事儿？是不是感到很轻松？有没有让他感到恐惧的事情？

爸爸对孩子的这种关注，通常会让孩子感觉很安全，心里很宁静。他会非常乐意和爸爸分享他的内心世界，他会告诉爸爸令他开心的事儿和不开心的事，告诉爸爸他喜欢什么，害怕什么。爸爸和孩子的这种情感交流坚持下来，形成习惯，就会成为他和孩子之间的相处模式。

这种相处模式就是爸爸和孩子之间的情感密码，他们独有的方式，是岁月和时间侵蚀不掉的，这是爸爸和孩子之间最畅通的沟通之道，有了这样的沟通渠道，爸爸和孩子之间的相处就会变得很愉快，变得很简单。

3. 中国的爸爸大多疏于情商的训练。

中国的爸爸很聪明，但很多爸爸的情商开发得不够，或者他们根本就不重视自己情商的开发，很多爸爸在事业上是一个很成功的人，但生活中却不苟言笑，特别讲究爸爸的威严和派头，端着爸爸的架子让孩子望而生畏。

许多孩子长大后对自己的生活特别困惑，因为他们从爸爸那里学到的是不可随意流露自己情绪的外表，轻易不能对别人敞开的心扉，压抑的内心，拘谨的行为。这些人格和气质真的影响了他们与人的交往，影响了他们更好地驾驭自己生活的能力。

以至于很多孩子到了国外，非常不适应国外的人际交流，因为西方人通常比较热情直接，感情表达很外露，与人交往也很简单，这是他们能够受更多的人欢迎，他们当中有的人学习并不好，照样可以成为女孩追逐的偶像，而中国孩子大多都是学霸，成绩一流，却很少有人会主动喜欢他们，这也是中国孩子在国外迟迟打不开社交局面的重要原因。

说直接点就是他们的智商虽不低，情商却不高，让他们很难成为闪亮的人物。所以爸爸的情商高不仅仅可以给孩子带来高品质的生活，最重要的是可以给孩子带来高质量的人生。

4. 爸爸的高情商会让孩子的个性很阳光。

爸爸在生活中民主随和，善于表达，孩子就会成长得很阳光、开朗，情商高的爸爸一般性格很外向，孩子的性格也会朝着外向的那一面发展，在社会上性格开朗随和，心里很阳光的孩子，大都很受欢迎，无论在职场还是在朋友圈儿，都会让别人有不错的印象，会有更高质量的人脉和好人缘儿。

未来社会就是一个人脉资源整合的社会，有了人脉，成功就有了一定保障，因此爸爸的高情商会让孩子拥有超强的社交能力，和社会活动的能力，这些资本都比他的好成绩更加重要。当然如果孩子的成绩好，情商又高，那他的人生会度过得精彩绝伦。

Part 14

爸爸的学习态度
影响孩子的学习态度

一、爸爸爱学习会给家庭带来更好的
学习氛围

现在的家庭不管是城市还是农村，都把孩子的学习看得最重要。我在亲子课堂上被问的最多的问题就是，如何让孩子喜欢上学习？应该说孩子本来就应该喜欢学习的，因为求知是人的本能，可孩子为什么会越来越不喜欢学习了呢？原因是多方面的，但一个很重要的因素是，家庭里缺少学习的氛围。

1. 为什么教授的孩子考大学不费劲儿？

为什么很多高校的教授家里，他们的孩子考大学不费劲儿，说考北大就考北大，说上清华就上清华，就是因为教授的家庭里大多学习的氛围浓厚，高知们的学习态度很积极。因此，他们的孩子都不需要父母提醒，该学习了，才去学习，每个人都很自觉地去学习。学习不仅是这样家庭的习惯，时间一长就成为了这些孩子的行为习惯了。

所以，家长们一定不要一说学习就是孩子们的事儿，看看你们平时都在做些什么，尤其是让孩子去学习的时候，你们通常在做什么，你们有多久没有学习过了？

尤其是对孩子的爸爸来说，如果妈妈们还有理由，说自己忙于家务和照顾家庭还要上班，的确学习的时间太少，那么对于大多数并不操心家务事儿的爸爸们来说，你们又有多少时间用在了学习上？

实际上在学习这件事上，爸爸的态度和行为对孩子的影响更大。因为爸爸通常是家庭里的决策人物，因此他的态度和行为对孩子来说，是有标杆作用的。

2.有爱学习的爸爸才会有喜欢学习的孩子。

爸爸如果爱学习，家庭里的学习氛围会非常浓厚，如果爸爸喜欢阅读，他读书的样子就会让孩子觉得，读书是一件很有乐趣和重要的事，而且，喜欢阅读的爸爸会不断地往家里买书，不管他是否富有，家里的书香会让孩子也爱上阅读，一个喜欢看书的孩子，还需要催促他去学习吗？学习一定是这样的孩子自然的习惯。

前不久，来自联合国教科文组织的统计显示，美国人年平均读书7本，韩国人11本，日本、法国的民众每年的读书量是8.4本，新加坡5本，中国人年平均阅读量只有4.3本，北欧国家的国民每年读书24本左右，是中国人的六倍之多。

中国人不爱阅读，却每天会在电视上花费100分钟，在网上花费45钟，留给阅读的时间每天大概只有15分钟。而且，据我了解，中国的妈妈们爱阅读要胜于爸爸们，在父母个个都把孩子的学习看得比他们的快乐重要得多的当下，想找一个爱学习、爱阅读的爸爸，不是一件太容易的事儿。

因此，别抱怨你的孩子不爱学习，就像你喜欢美食，你的孩子也会喜欢美食一样。学习也是一种习惯，它需要父母的言传身教，如果你作为爸爸，可以把喝酒、打牌、娱乐、玩游戏、泡酒吧，那些时间用来学习和阅读，我相信你的孩子不需要在他学习上的事儿上过多操心。

这其实就是一种态度。如果你真的忙得没时间学习，但你至少也要让孩子看到你的学习态度，这种态度往往就是对待书籍的态度，对待知识的态度，对待求知的态度。如果你是一位很好学、求知欲强烈的爸爸，我相信你即使只有很少的时间来学习，给孩子的影响也是巨大的，这就是所谓的态度决定一切。

二、爱读书的爸爸会带动孩子爱思考，爱阅读，渴望知识。爸爸爱学习会给家庭带来更好的学习氛围

1.孩子一定不是天生不爱学习。

　　家长总是抱怨孩子不喜欢学习，其实他们从来不去了解一下孩子为什么不喜欢学习？据我了解，很多孩子不喜欢学习，除了从小没有养成良好的学习习惯，更重要的是他们缺少学习兴趣，也就是求知欲不强，对未知世界缺乏强烈的好奇心。

　　但这是违背天性的，从自然科学的角度来看，每个人生来都是有强烈求知欲的，尤其是在人类的童年，爱探索、好奇心重更是孩子们的特点。孩子们为什么慢慢在长大的过程中失去了这种兴趣，学习成为了让他们厌倦的事情？是因为缺少很好的引导，很好的后天影响。

　　所以爱读书、爱阅读的爸爸首先会给孩子一个非常好的学习氛围，这是让孩子从小就养成自觉学习习惯的关键。其次，爱阅读的爸爸通常爱思考、爱探索，这种精神又会影响孩子的求知习惯，喜欢求知的孩子学习态度一定是很积极的，对他来说，学习、获得知识是一种乐趣，而不是辛苦的事情。

2.爸爸博学会成为孩子的学习偶像。

　　爱学习的爸爸还会跟孩子有非常好的交流，他会跟孩子分享他获得的点点滴滴的知识，他会成为孩子眼中神奇的聪明爸爸，这样的爸爸很容易就成为孩子心目中模仿的偶象，因为他也想成为爸爸那样聪明而博学的人，获得别人的敬仰和尊重，这也是孩子会非常努力学习的动力。

所以，如果你一直在为孩子的学习发愁，就先看看自己的习惯吧！一个很容易量化的指标就是，一年当中你为自己买了多少本书？你的阅读量有多少？一天或一周的时间里，你有多少时间是留给学习的？你有多少时间是用来和孩子分享你所学到的知识的？

现在地铁里，常常看到一些爸爸捧着手机看得如醉如痴，我经常会观察他们在看些什么，令人失望的是，我发现大部分爸爸都在阅读那些很匪夷所思的网络小说，什么武侠、玄幻、穿越，很少有爸爸会看一些有知识的东西。我不知道作为爸爸看完这些东西后，如何跟他们的孩子分享，因为除了感官的快感，这样的网络小说的确没什么价值。

真心替这些爸爸们感到遗憾，那么好的时间就这样消磨了。如果阅读点有知识有价值的东西，可能他们早已经成为非常博学的聪明爸爸了。

3. 带领孩子爱上阅读的爸爸会让孩子更聪明。

爱阅读会让爸爸们变得爱思考，他们也会注重孩子思考力的引导与培养，爱思考的孩子，你不需要但心他对学习没兴趣，更不需要担心他的成绩，他一定是那个最聪明也最用功的孩子。因为他喜欢求知、喜欢探索未知世界的奥秘，这会让他重视学习，因为只有通过学习，他才可能了解得更多。

我到现在都认为我喜欢阅读，觉得看书和写作是人生最快乐的事，就是爸爸爱学习、爱阅读的习惯，在漫长的岁月里对我的熏陶。我小时候物质匮乏，父母的收入都很低。可就是这样，我记得每到征订杂志时，父母都千方百计想多订一些品种，哪怕自己少吃也要花这个钱。

那时候订的最多的是文学杂志，《收获》《十月》《解放军文艺》我们家都订了好多年，直到我们长大成人。订这么多的文学杂志主要是爸爸喜欢看，学机械的爸爸平时喜欢历史、文学，他不仅喜欢看还喜欢买，受爸爸爱阅读的行为习惯的影响，我从小也是个书迷，有时候可以看书看一天，每当来了新书，我和爸爸争着看，但我因为上学不能耽误功课，只好爸爸读完我才能读。

爸爸爱读书的行为给了儿时的我深刻的影响，为了看书我可以不吃不喝不玩耍，只要有书看就开心的不得了。因为从小就有了大量的阅读，所以我很小的时候就有了人生的目标，那就是成为一个作家，为了这个目标我一直很喜欢读书。

而且，因为喜欢阅读，我从小就很爱思考，凡事不喜欢现成的答案，喜欢探求事物的本质，而透过现象挖掘本质的责任正是一个作家所必须具备的。可以说是爱学习的爸爸成就了我的今天，在成长的每一步我很少记得他说过什么，但他爱学习、爱阅读的背影一直是我不断进步的动力。

我爸爸现在快80岁了，可他仍然是那么喜欢学习，手机上网、发微信、用自拍神器自拍，可以说年轻人会什么他就去学什么，他还是那么爱探索，对什么都很好奇，这使他的晚年生活过得很充实，让我们这些做儿女的也感到有压力，觉得人活着就不能停止学习。

所以，想让孩子爱上学习实际上很简单，那就是爸爸首先要做一位爱学习的爸爸，带他阅读，启发他学会思考，鼓励他学会探索，孩子有兴趣学自然会很积极，爸爸们一定要具备这个能力和意识。

4. 学霸的爸爸大多有良好的学习行为习惯。

现在有太多的爸爸存在这样的行为问题，自己一年到头都看不了一本书，偶尔上上网也是为了消磨时间，知识结构陈旧、思维落后、缺乏学习的习惯，却一味地对孩子期望很高，既希望孩子考北大，又指望孩子考清华，让孩子非名校不进，他却从来没有学习的习惯，这样的孩子看着都很累，结果如何很难说。

想要孩子喜欢上学习，父母的学习习惯很重要，尤其是爸爸要在行为上给孩子一些积极的影响，有时间带孩子去书店转转，给自己也给孩子买一些有价值的书籍，经常和孩子讨论一些知识点，引导孩子开动大脑，养成爱探索的学习习惯。培养孩子自觉自发的学习兴趣。

我特别不赞成孩子在学习时，你在旁边看电视、玩电脑，这对孩子的学习习惯养成一点好处也没有，也不利于家庭的学习氛围的建立。

我曾经采访过不少高考状元的父母，了解这些学霸的成长经历。他们的爸爸大多数是普通人，有的人地位卑微，但他们几乎都有爱学习的习惯，哪怕就是看书读报，这样的习惯坚持多年。有一位爸爸，孩子学习时他从来不会开电视，就在隔壁房间读报看书，一直到孩子考上北大，他才会晚上偶尔和孩子妈妈看看电视剧。

对孩子的学习，这些高考状元的父母几乎有一个统一的感觉，那就是孩子的学习很自觉，属于基本上不用家长操心的那种。实际上我特相信他们的感觉，因为学习真的是一种自觉自发的习惯，养成这种好习惯的孩子，你不需要管他，他的学习成绩也会很优秀。而那种不喜欢学习、不习惯学习、不想学习的孩子，父母操碎了心他也学不好。

5. 爱学习的爸爸会因为强烈的好奇心被孩子喜欢。

爱学习的爸爸一般好奇心比较强，喜欢探讨未知的领域，这样的爸爸孩子也很喜欢。中国的孩子为什么把爸爸排在他所崇拜的人当中倒数几位，他们对爸爸的崇拜还不如一个歌星，其中很大的原因我认为是爸爸们往往不够博学，又很不喜欢学习，如果你是一个掌握的知识还不如你的孩子多，或者比你的孩子知识结构还out的话，你注定不会是一个让孩子喜欢的爸爸，更谈不上什么崇拜了。

评价一个爸爸的品质，他是否是一个爱学习的爸爸很重要。你的孩子的未来发展，实际上就在你是否爱学习的态度中就决定了。

Part 15

爸爸的进取心
影响孩子的进取能力

一、如果爸爸是一个善于进取的人，不容易满足，孩子的进取心就会比较强

现在的社会竞争很激烈，作为一个爸爸每天背负的压力也会很大。实际上对于善于进取，永不满足的爸爸来说，压力就是动力，是他坚持向上走的力量，而对于缺乏进取心，特别容易满足的爸爸来说，可能压力就是阻力，让他望而却步。

1. 善于进取的爸爸心态更积极健康。

我还是比较欣赏特别有进取心的爸爸。事业上他们有自己的追求，生活上他们有自己的目标，进取心让这样的爸爸每天都特充实。因为在他的努力下，会看到那些梦想在慢慢实现。

从心理上讲善于进取，不容易满足的爸爸应该更健康，因为这样的爸爸生活态度往往是积极的、阳光的、充满了正能量。

而行为上，这样的爸爸也是一个有巨大影响力的人，他不会在消极的生活中停留，他会带动身边所有的人积极前行，不断完善自己，为目标打拼，这样爸爸很容易成为孩子们心目中的偶像。

2. 中国有太多的爸爸放弃自己却对孩子期望过高。

进取心实际上也是人的一种个性，生活中有的人习惯满足当下，有的人愿意消极等待，也有一些人习惯什么都不做。这样的人如果是一位爸爸，那么他们的这种个性，就别指望他们的孩子比他们会更有进取心了。

这也就是有一些中国爸爸总是喜欢把期望放在孩子身上，却总是会失望的缘故。有一些爸爸年纪轻轻就消极倦怠，未老先衰，却对孩子期望甚高，总是希望孩子去替他实现自己的梦想，并为此对孩子有很多要求。

这直接造成了中国的许多孩子没有自我，或者根本就不可能按照自我的想法去安排人生的结果。现在有很多孩子上大学选专业由爸爸做主，毕业以后找工作由爸爸做主，其中很多人是因为爸爸喜欢才选了那个专业，爸爸希望他干这个才选了这个工作，因为并不是自己真心喜欢的，这些孩子做起来自然就是倦怠应付，缺乏应有的积极性和热情。

3. 爸爸追求自我实现孩子也会不断进步。

实际上对于生命来说，每个人都有自我价值实现的需求，而且每个人都有实现自我价值的可能，这当中为什么有的人就成功地实现了自我价值？有的人就失去了这样的机会？排除所有的外在因素，人自我的进取心和不容易满足的个性起了决定的作用。

成功人士最大的优点就是懂得坚持和不断进步，成功的爸爸也是亦然。最重要的是，作为一个爸爸，你不仅仅要尝试实现自我的人生价值，你还要影响你的孩子，成为一个积极进取、追求自我实现的人，这是你的职责，更是你的成就。

由于进取心在某种意义上也是一种行为习惯，孩子在这种行为习惯的熏陶下，更容易成为一个喜欢追求成功人生的人。我之所以说这是一种追求，就是因为成功尽管不是每个人都可以做到的，但它至少可以成为一种牵引的力量，有这种牵引在前面引路，你就不必担心你的孩子会懈怠，会消极，会误入歧途。

其实对有进取心的孩子来说，他享受的正是这样积极争取的过程，这让他的人生丰富而多彩，至于结果又有什么重要的呢？如果一个孩子在这样奋斗中得到了快乐，享受到了自我实现的乐趣，又有谁可以说他不成功呢？

爸爸的进取心在很大程度上决定了孩子的进取精神，爸爸不容易满足的心态会让孩子有更积极的行为，来面对他自己的人生。

二、爸爸的进取心会鼓励孩子敢于尝试、敢于挑战，进取心强的孩子比较能够适应挑战，能够承受压力

也许有的爸爸会说，我就是一个能够养家糊口，过普通日子的爸爸，那什么进取心对我们这些普通人来说没啥用。我知道生活中多的是这样普通平凡的爸爸，可如果你有进取心，有锲而不舍的人生追求，起点再低你都有可能成为一个成功的人。

1. 做快递十年的中年人如何成为华尔街股市的敲钟人？

2014年9月，中国最著名的网站巨头阿里巴巴赴美国纽约华尔街上市，这对中国对世界说都是了不起的一刻。一向特立独行的阿里领头人马云，却把敲响纽约股市钟声的任务交给了大家都不认识的8个人，这些人既不是商界大贾，也不是耀眼的明星，他们都是一些普通得不能再普通的人。

很多人都奇怪马云怎么会在这样耀眼的时刻，请了一些谁也不认识的人，来到美国纽约华尔街，为阿里的上市来敲响这关键的钟声。

后来在马云的介绍下，人们才得知，这些敲钟人当中，有的是对阿里淘宝贡献特别大的网店店主，有的是一直支持淘宝、陪着淘宝一起成长的粉丝，而有一位叫窦立国的中年人，让大家唏嘘了起来，这是一位送了十年快递的快递员，十年当中他和中国越来越火的网购大潮一起成长，在把无数个包裹准确无误地快递给客户的同时，他自己也积累了上百万的财富。

马云为什么把窦立国请到了纽约华尔街做敲钟人？一方面是因为飞速发展起来

的淘宝网正是靠了无数个快递员的努力，才有了今天。另一个方面，窦立国本人的奋斗史也特别鼓舞人心，马云希望人们从这个普通的快递哥身上看到那种坚持，看到那种进取，看到只要有奋斗生活就不会亏待你的事实。

窦立国只有小学文化，1996年来都北京"北漂"，这期间他干过很多工作，吃了不少苦。2004年他和爱人一起到快递公司干起了快递员，谁知这一干就是十年，被马云请去美国敲钟的时候，他已经39岁，是一位爸爸，有一个正在读书的女儿。

来自生活最底层的窦立国不仅靠进取心，靠坚持，赢得了大家对他的尊重，更赢得了他奋斗中的机会。从美国回来后，这位普通的快递哥火了，他也开始更加努力要实现自己的梦想，拥有一家属于自己的快递公司。

不久前，窦立国拿出了自己多年的积蓄，开了一家可以独立经营的快递公司，做上了老板，由于多年积累的客户资源，加上他自己是快递员出身，因此他将公司管理得很科学，生意越来越红火。

虽然从美国回来后，他一直很低调，但阿里敲钟人的身份还是让众多媒体纷至沓来，就在这时人们才发现，这位普通的快递哥已经给贫困山区捐助了两座图书馆了。而且，他坚持上门收旧衣服救助贫困家庭的善举也已经坚持了好多年，面对媒体，他坦然地说，"我个人的力量很微薄，可我总是觉得没有钱修一条让山村里的孩子走出来的路，但可以用书，给他们搭建一座心灵上可以通往世界的路。"

对窦立国的女儿来说，她的爸爸每天起早贪黑，干的是最辛苦劳累的工作，但我相信她的女儿一定看到了爸爸不屈不挠的进取心，看到了爸爸那颗永远不会对命运满足的心。也正是这样的努力。窦立国可以在女儿面前无愧的说，爸爸很普通，但爸爸却不会甘于平凡。

我相信这是他留给自己女儿最好的财富。一个人不管贫穷富有，最重要的是不能消极面对人生，你可以是一位普通的爸爸，但你最好不要成为一位懒得去为自己的生活奋斗和努力的人，因为孩子是从你的身上看到他该如何面对挑战的。

2. 想让孩子不断去争取成功，爸爸的进取心起决定作用。

亲子课堂上常常遇到这样的爸爸，他为孩子的学习成绩担心，为孩子的技能担心，为孩子将来走上社会，不能参与竞争，对孩子无法获得将来的成功人生而焦虑。

每当这时我就会和他沟通，我想了解一下作为爸爸他在这方面是怎么做的。让我感到忧虑的是，大多数爸爸都会认为努力奋斗是孩子的事儿，他们最主要的是抓好孩子的学习，让孩子把成绩搞上去，好像孩子就离成功的人生近一些。

我对这样的爸爸真的有一些看法，他们的年纪都不大，也正是人生的好时候，但他们不仅仅缺少奋斗的目标，还缺少奋斗的行动，这样的爸爸可能尽职尽责，是一位好爸爸，但对于孩子来说，他们真的欠缺了一些进取精神，缺少了一些用自己奋斗的经历，来激励自己的孩子去争取成功人生的影响力。

关键是这些爸爸自己满足现状，不思进取，却特别希望自己的孩子能够成为特别成功的人，并为此不惜血本，在孩子的技能教育上投资。其实，在我看来，真正能够让孩子人生成功的技能真的不是最重要的因素，因为，你的技能掌握得好，还有比你更好的。

成功的人很少有仅仅靠技能就拔得头筹的，他们当中很多人能力一般，却有一颗强大的进取心和不容易满足的做事习惯。想要成功的人一定会比安于平凡的人经历更多的艰难困苦，这时候仅仅靠技能你是支撑不下去的，能让你在艰难中不放弃，坚持往前走的精神，一定是你与众不同的意志和智慧，而进取心则是人生可以取得成功最重要的智慧，没有之一，因为它是起决定作用的。

所以，除非你希望自己的孩子安于平凡，如果你真的很希望他拥有了不起的成就，享受成功的人生，请你先从一个有点追求、有点进取心的爸爸做起吧！过去老人们常说，老子英雄儿好汉，这句话的意思就是，如果爸爸是一个喜欢奋斗的人，是一个不断去争取人生成功的人，孩子的未来就不会差到哪儿去，他也会是一个把成功的人生当做自己奋斗目标的人。

这首先是一种心态的影响，其次是一种行为的影响，如果爸爸自己没有行动，光去要求自己的孩子拼搏努力，我相信十有八九你的期望会落空，而且，期望越高失望越大，因为孩子未来的行为和意识，是你造就的。

Part 16

爸爸的脾气
影响孩子的脾气

一、爸爸任性、固执、不随和、爱乱
发脾气，孩子通常也会有这样的脾气

我曾经在刚刚开通我的微信公众平台上跟大家分享了这样一篇文章——《孩子为什么不顺心就会发脾气？》，我注意观察了一下，在我所有的微信公众平台上的文章中，这篇文章阅读量最高，超过了其他所有的文章。

我别的文章也是谈孩子教育的，为什么家长们对这篇文章特别感兴趣？只有一个解释，那就是现在的孩子遇上点不顺心的事儿就闹情绪、发脾气，随意宣泄，已经是一件很普遍的事儿。

每当来咨询的家长跟我谈到孩子坏脾气的问题，我都会让他们先谈谈父母们都是什么样的脾气，或者妈妈的脾气怎么样？爸爸的脾气怎么样?他们是好脾气还是坏脾气？

1.姐姐的坏脾气是怎么来的？

姐姐是个六岁的女孩，她长得漂亮可爱，走在大街上回头率很高，可是要不是她妈妈带她来找我做行为辅导，所有人都不会知道，这个只有六岁的小女孩，在家里却是个蛮横的小公主。只要谁让她不开心了，她不仅会撕书、摔东西，还会上去对着人又踢又咬，哪怕是爸爸她也不会客气。

我跟她妈妈聊起在他们家里，夫妻之间谁的脾气会大一些，并且很少会控制自己的情绪？姐姐妈妈马上就开始抱怨姐姐的脾气都是让她爸爸给影响坏的。

姐姐妈妈介绍说，她是属于那种有点软弱、胆小的人，而姐姐爸爸则任性、固执，喜欢乱发脾气，有时候跟姐姐妈妈还会动手。虽然他发过脾气，动过手，心情好的时候总会给姐姐妈妈道歉，但由于他属于脾气急躁、很固执的人，遇上点不顺心的事，很快就会旧态复萌，让姐姐妈妈也很无奈。

最让姐姐妈妈着急的是，现在孩子的脾气也像他爸爸一样，性子急、脾气偏、爱发火，虽然好了以后姐姐也会跟妈妈道歉，但下一次只要遇上事儿，姐姐一准还是会这样表现，这让姐姐妈妈特别担心。

实际上在生活中，由于爸爸在家里常常处于主导地位，尤其是脾气坏的爸爸一般都比较强势，妻子又比较软弱，因此，孩子在脾气特质上像爸爸的更多一些。像那个才六岁的小女孩姐姐，她才刚刚上小学，脾气性格已经与她爸爸如出一辙，不仅爱发火、闹情绪，还爱打人、踢人，据说这些有暴力倾向的行为，都是她爸爸在和妈妈发脾气时经常发生的。

2. 坏脾气的爸爸会让人很受伤。

据我了解，生活中的确有一些坏脾气的爸爸，他们通常固执、自以为是、不随和、难合作、容易随意就发脾气，情绪容易失控，个别的爸爸伴随着坏脾气而来的还有暴力行为。

这样的爸爸有时候也不是坏人，在他们情绪正常的时候，他们人不错，也挺善良，对家庭也很负责任。没人会觉得他们不好，可就是坏脾气一上来，很多时候他们搂不住火，不管什么场合地点，也不管什么人在场，他们是想发脾气就发脾气，想宣泄情绪就宣泄情绪，根本不会考虑别人是否受得了。

这样的爸爸不仅会让妻子有时候难以忍受，最主要是他的行为会给孩子造成非常不好的影响。在这样坏脾气的爸爸身边长大，孩子的脾气大多数会走两个极端，一个极端是会跟妈妈一样软弱、忍耐，另一个极端则是跟爸爸一样的坏脾气，行为暴力。

令人担忧的是在很多这样的个案里边，脾气会和妈妈相似的孩子真是极少数，而跟爸爸大同小异的却占了大多数。这一方面有先天基因的因素，另一方面跟孩子有时会更加认同爸爸的行为有关。

3. 孩子的坏脾气常常来自于对爸爸的模仿。

因为孩子小的时候缺乏判断力，他并不知道爸爸的脾气的好坏和优劣。有时候他可能就是一种模仿，天长日久就成为了他的一种处事习惯。人的脾气其实就是一种对待事物和人的态度，它本来也无所谓好坏，主要看结果。

如果你的为人处事带来的都是好结果，没有给你身边的人带来伤害，那你的脾气一定是不错的。而如果你身边的人都很不喜欢你的为人处事，谁与你关系亲密，受的伤害就越大，那你的脾气一定好不到哪儿去。

我这样说，是因为有的爸爸在外边为人处事很好，甚至人缘儿口碑都不错，可他的家人、他的孩子与妻子却经常要为他的坏脾气买单。这样的爸爸一方面是有一些人格分裂的倾向，一方面他的坏脾气主要是在自己的家庭里面是毫不掩饰的，西方有一句话叫做"家庭也伤人"，说的就是这个道理。

有时候爸爸的脾气对孩子的脾气真的起到决定性作用，如果家长不及时发现这个问题，对孩子的坏脾气进行矫正，养成习惯改起来就难了。为什么很多父母对孩子乱发脾气、任性、固执的个性百般无奈，不知该怎么帮孩子调整？就是因为大多数家长在早期没有重视这个行为，以为小孩子发发脾气没什么关系，等孩子再大一些，甚至进入青春期，还满身坏脾气，这个时候再干预真的有些晚，而且，孩子改变起来也挺难。

如果这个时候，爸爸的脾气还是如此没有调整，那么孩子改起来就更难。

二、那些成年以后脾气坏的孩子，追溯童年，会发现在他的成长中，爸爸的坏脾气对他的影响很大

我在亲子咨询的时候，经常遇上这样的爸爸，他一边抱怨着自己孩子的坏脾气，一边追溯着自己的童年，谈到他爸爸对他的影响，很多时候他们会说着说着突然沉默起来，这样的时候，我一般不会打扰他们，给他们一点时间去追忆一些自己成长的过程，有助于他们看清楚自己在孩子面前是什么样的表现。

有的爸爸会在沉默之后有所顿悟，他们会叹口气说，"哦，我明白了，孩子的这些坏脾气都跟我有关，而我的脾气坏则是因为我的爸爸给我的不好影响。"

1. 坏脾气的爸爸成年后通常会复制自己爸爸的坏脾气。

尤其是那些在家庭里喜欢使用暴力的爸爸，不管是肢体暴力还是冷暴力，也不管是他们经常对妻子还是对孩子使用这样的暴力，他们回忆起自己爸爸的行为，都承认在小的时候看惯了自己爸爸发脾气时，就是这样对家人使用暴力的行为，这些当时都是他们非常愤恨的行为，谁也想不到就不知不觉存在了他们的潜意识当中，使他们在成年以后，也会在自己的家庭里复制这样的行为。

这实际上就是家庭的力量，就是父母的影响力，而在这其中，爸爸的影响力会更直接。实际上那些成年以后坏脾气的爸爸，他们自己并不快乐，爱发脾气，爱发火，随意挥洒自己的坏情绪，这些行为也给他们自己带来了很大的伤害。

2. 人的坏脾气会给自己带来什么?

从生理上讲,人在发脾气、生气的时候会在瞬间血压上升,心跳加速,这很不利于心脏的健康。另一方面,人在愤怒的时候,身体还会在很短的时间内释放出一种剧毒的分泌物,这种毒素会在几秒钟内杀死一只活蹦乱跳的小白鼠,经常发脾气、控制不住情绪的人,一般身体状况都不太好,容易罹患高血压和心血管疾病。

从心理上讲,爱闹情绪、发脾气、任性、固执的人,通常会因为缺乏喜欢与他们相处的人,而感到孤独。这样的人很难有和谐的婚姻关系,有良好的夫妻感情,甚至和孩子的关系也会很糟糕。

孩子小的时候,会因为没有反抗能力而忍耐爸爸的坏脾气,等他大一些以后,他不仅会很叛逆,而且会不再选择忍耐,他会和爸爸一样对坏脾气没有免疫力,而且,也会和爸爸一样不会控制自己的情绪,这使他的社会交往会处处受挫,不仅缺少好人缘,跟父母和家人也很难愉快相处。

3. 坏脾气的男孩女孩将来都很难成为好父母。

坏脾气的男孩会很难成为一个被孩子尊重的爸爸,而脾气不好的女孩不仅让人望而却步,更很难成为一个受孩子欢迎的好妈妈。

我常在亲子课堂上说,不管你的孩子将来人生是否成功,至少有两个角色他是必须承担的,那就是爸爸和妈妈,有时候是否胜任这两个角色,跟他们是否是成功的人没有太大关系。

实际上对他们个人来说,人生的成功也许很重要,但对他们的家庭来说,他们是不是个好爸爸好妈妈就显得更为重要。因为在家庭里面,他们承担的是教养和抚育孩子的责任,能不能让孩子拥有健全的心智、健康的个性、适应社会的行为,这些东西真的比他们个人的人生成功还要珍贵。

因为孩子一旦长大走向社会就是独立的个体,他要有为自己的行为负责任的能力,如果他的个性不成熟,行为有瑕疵,不能很好地适应社会,照顾好自己的家庭,那他就会给社会带来很多隐患,影响自己的人生。

而孩子这种成熟,良好的个性,能够被大多数人所接纳的行为习惯,则一定是来自于行为习惯良好的家庭。明白这个关系，我相信任何做父母的也不希望自己的孩子会在成为一个健康的爸爸妈妈的问题上满不在乎。

　　人生不成功给孩子带来的伤害并不大，因为大千世界，芸芸众生，能够站在金子塔尖儿上的人的确也就那么几个。生活平平安安，人生顺顺利利，相信是大多数中国父母对孩子的期望。但是，如果孩子的家庭生活不成功，婚姻生活一团糟，子女成长得很麻烦，我相信这是任何父母都不希望看到的。因为很多人生成功的人都告诉了我们这样一个事实，生活中没有任何幸福可以替代婚姻家庭的美满所带来的幸福感。

4. 坏脾气的爸爸多么爱孩子都不会给孩子带来幸福。

　　想要你的孩子成为一个可以体验到幸福感的人，首先要改变的就是坏脾气的爸爸，你不要以为自己的行为很平常，不会影响孩子的人生幸福。你要知道，如果到现在为止，你并没有从你的生活中感受到很多的幸福感，甚至你并没有感觉到婚姻家庭给你带来的满足和幸福，那在你身边一天天长大的孩子会有幸福感吗？

　　一个从小就没有在爸爸和家庭里面体验到幸福的孩子，他长大了会快乐吗？他会知道如何给别人带来快乐吗？他会成为一个给自己的孩子快乐和幸福的父母吗？如果你是一个脾气有点坏的爸爸又拒绝改变，我建议你认真思考一下这些问题。

三、脾气的好坏直接影响到孩子未来的生活质量，好
脾气的孩子才会在未来拥有一个好婚姻，这可能是父
母对孩子最成功的教育

好脾气的人往往很乐观、随和，跟大家都可以合得来，生活中情绪也平和。这
样的爸爸很受欢迎，他不仅跟妻子会相处得很好，孩子也会很愿意和他相处。这样
的爸爸，跟孩子的交流非常平等，他们并不是因为脾气好就会纵容孩子，而是懂得
和孩子做朋友，与孩子相互交换各自的人生经验。

跟这样的爸爸在一起生活会很开心，因为他很大度，不会轻易就发火，更不会
为了一点莫名奇妙的事就滥用暴力。好脾气的爸爸最突出的特征就是情绪稳定，情
绪很有规律，让孩子与他相处很有安全感，不用担心他突然就不高兴了。

1.脾气好的孩子事业和婚姻都更容易成功。

很重要的是在好脾气的爸爸身边长大的孩子，也会脾气很好，情绪稳定，遇到
问题会理智冷静地面对，即使有一定的负面情绪，也懂得用别人可以接受的方式去
排解，自我调整能力很强，个性很成熟。

这样的孩子，不需要刻意经营，就会有很多朋友，因为他宽容随和，善于接纳
别人的不同，擅长与他人合作，这使他事业上会有很多机会，也就是说脾气好的孩
子的人生更容易成功。

其实最受益的是孩子的婚姻生活，因为脾气温和而大气，他在婚姻中会跟妻
子相处得很好，家庭的关系也打理得井井有条，他会成为一个很受孩子尊重的好爸
爸，会成为一个和妻子关系亲密的好伴侣。美好的家庭给了他幸福的体验，这使他

的人生很圆满。而父母对孩子的教育是否成功，最终的考验就在于你的孩子可以不可以把自己的婚姻经营得很成功。

2.好脾气的爸爸才会带给孩子高品质的人生。

所以爸爸们真的不要以为脾气的好坏跟孩子的未来无关，因为当孩子成年以后，也许他很多在自己原生家庭里养成的习惯并不重要，但只有脾气和性格会影响他的生活到终生。

这一个是因为这些气质上的东西，一旦形成就很难改变。另一个很重要的因素是，脾气和性格的特质都是在跟别人相处的时候，才显得更明显，也就是说这都关系到与别人相处的质量和品质。

人是群居动物，是不能脱离社会和人群的，即便是你不需要朋友也一定会需要家人，如果你的脾气和性格让你的家人都无法接受，即便你再富有、事业再成功，找不到可以跟你一起分享的人，我不知道你人生的快乐和幸福感从何而来。

事实证明，得不到社会和人群接纳的人一生都不会快乐。而成为一个让别人都喜欢、都愿意接近的人，真的要从改善自己的脾气个性开始，过去老人们都爱说，"量大福大"，实际上"量大"的人通俗一点说，就是好脾气的人。

而如果这位"量大"的人是一位爸爸，那么好脾气的爸爸带给孩子的一定是好品质的人生，高质量的生存和弥足珍贵的幸福感。

Part 17

爸爸的自信心
影响孩子的自信心

一、一个没有自信的爸爸往往会让自
己的孩子一生都缺乏自信

1. 被高考吓坏了的男孩临阵退缩是为什么?

畅畅是个17岁的男孩,还有两个月要高考了,他却打了退堂鼓,告诉父母他不
想参加高考了。为了他备战高考费尽了心血的父母,被畅畅的举动吓坏了,妈妈不
断地问他,"为什么不想参加高考了?是因为父母给你的压力太大了吗?"畅畅摇
头,沉默半天才说,"什么理由也不是,就是因为突然觉得高考没意思,考不考都
一样。"

父母带畅畅来找我做心理辅导时,他已经一个星期没去学校了,我发现他的父
母看到孩子这样心急如焚,可畅畅却好像若其事的样子。我觉得一定是他父母的教
育出了问题,孩子临战放弃高考,不是突然发生的事,这一定是长期一些负面的情
绪积累造成的后果。

为了让孩子能够坦然的说出他放弃高考的真正原因,我让畅畅的父母先回避,
我想单独跟这个大男孩聊聊天。

跟畅畅聊天的过程中,我发现这孩子的成绩不差,一千多个学生中他排在前
一百名,一模二模都考得不错,老师也很看好他,为什么他会突然想要放弃呢?

我问他是不是父母的原因,他开始摇头,后来又说不完全是,主要是他自己不想
考了。我告诉他以他的成绩只要发挥不失常,考一本是没问题的,可他一直摇头。

看他不怎么想说话,我给他倒了一杯茶,又开了一点轻柔的音乐,看他坐在那
儿拱着背,一点也不舒展的样子,我知道这个少年此时心里很痛苦,我轻轻的给他

揉揉背，让他放松一些。

果然，在轻柔的音乐声中，畅畅渐渐地挺起了背，情绪好像放松了很多，他把目光转向了我，用低的几乎听不见的声音说："阿姨，我不想去考大学，是因为我害怕，我担心自己会在考场上发挥失常，全军覆没，我父母为我付出了那么多，尤其是我妈妈为了我备考提前辞了职，我很害怕考不好对不起他们，我不相信自己能考好，我太怕了。所以，索性我就不想去考了，这样我就不用那么害怕了。"

畅畅的话让我恍然大悟，这个看上去特别脆弱的孩子，不是不想考而是缺乏自信，他一直在无法相信自己可以应付得了高考这件事中挣扎，最后为了不承担考试失利的责任，他选择了放弃。

其实，像畅畅这样的平时学习还不错，但一面临考试就容易出现心理和情绪问题的孩子很多。本来，十几年的苦读马上面临临门一脚，就是成年人也会紧张，更何况现在的孩子普遍心理素质较差，个性比较脆弱，所以畅畅的表现我并没有觉得意外。

在做了几次心理辅导后，畅畅明显好多了，开始同意回到学校尽快复习，这件事就这样过去了。可是那年高考过后，畅畅的妈妈却意外来访，还没等我问孩子考得怎么样，畅畅妈妈眼泪就出来了，她说，"于老师，真的，孩子辜负您了，高考的前一天他离家出走了，一直到高考结束才回来。我们问他去哪儿了他也不说，回来以后，他就没再出门。同学来找他，他也不见人家，说不好意思见人家。现在这孩子就不出门，每天在家里玩电脑游戏，白天睡觉，晚上熬夜玩，怎么说也不听。他爸看这个情况也没辙，劝我别管他了，放弃吧，我也不明白这孩子怎么会这么快就变成了这样。"

2. 缺乏自信的爸爸造就了不自信的孩子。

说实在的这个结果还是让我挺意外的，因为每年都会有这样的孩子，大多数孩子在做过心理辅导后，会正常回到考场上，考得也还不错，可畅畅居然还是放弃了，可见这孩子有多不自信。

我跟畅畅妈妈聊，这孩子从小就这么不自信吗？他这样害怕挑战一定是受过什么影响，我问畅畅妈妈他爸爸在这方面怎么样，是个不怕挑战的人吗？

　　畅畅妈妈说："他爸爸还可以吧，但跟别的男人相比，他爸爸在自信心这块显然是差一些。"她说畅畅的爸爸本来是名牌大学毕业的，专业能力也很强，可干了20年，他还是个普通的技术人员。

　　单位有几次想要提拔他到领导岗位上来，让他负责一个部门的工作，可他回来跟畅畅妈妈商量了好多次，就是觉得自己干不了，怕负不了那么大责任出问题，婉拒了领导。

　　这样的事发生了几次，也许是单位领导看他实在是没这个勇气也就放弃了，所以，他在单位里是资格最老的技术员，领导他的都是比他年轻很多的人。

　　因为专业出色，畅畅爸爸的同学还高薪聘请他到深圳创业，不需要他投入资金，只要他入技术股，人过去就行。这本来是个发展事业的好机会，可在几宿未合眼后，畅畅爸爸给同学打电话，告诉他还是算了吧，他担心干不好，影响同学的发展，就不去深圳了。

　　在畅畅妈妈看来，畅畅爸爸人生中有几次特别好的发展机会，都让他莫名其妙的给放弃了，理由只有一个，那就是他担心干不成，没法交代。

　　对畅畅爸爸的表现，畅畅妈妈特别不满意，她认为自己的丈夫就是因为太不自信了，才屡屡失去了发展自己事业的机会。这些年他们一家至今还住在老人留下的狭小的房子里，过着温饱有余、富裕不足的日子，而畅畅爸爸一直做着大学毕业就开始做着的工作，个人发展也一点起色都没有。

　　对这样的状态，他个人居然还很满足，好像只要不让他有所变化，这样的生活他就会很满意。对此，畅畅妈妈也很无奈，老公人很好，对她和孩子也很好，除了不喜欢面对挑战、寻求新的发展，他没什么坏毛病。

　　可是这次孩子高考临阵脱逃，让畅畅妈妈紧张起来了，这些年孩子是有点像他爸爸，也是很不喜欢挑战，遇上点事儿就担心自己不行，自信心很差，可她没想到孩子在高考这么大的事儿上也如此，这让她有些恐惧，毕竟孩子才17岁，要是现在就这么缺乏自信，将来怎么走向社会、参与竞争？

　　我问孩子小的时候自信心怎么样？畅畅妈妈说，孩子从小就自信心不足，在班里从来不积极发言，什么活动也不喜欢参加，后来老师找了畅畅妈妈提醒她平时要多鼓励孩子，多让他参加集体活动，大胆表现自己，锻炼孩子的自信心，畅畅妈妈这才发现跟别的孩子相比，儿子的自信心的确很差。

她开始觉得是孩子爸爸遇到问题就打退堂鼓的表现影响了孩子，为这个问题她也跟畅畅爸爸做了不少探讨，可爸爸始终不承认是自己的不自信影响到了孩子，他认为这是天生的，也认为这不是什么大不了的事儿，只要孩子学习没问题，将来可以考上大学，性格问题不重要。

畅畅爸爸的态度让他妈妈很无奈，但孩子的确从上小学开始就很缺乏自信，每次考完试都担心自己考不好，直到上了中学，有时候考得不错，老师表扬他，他却回家跟妈妈说怀疑老师弄错了，因为他感觉自己考得没那么好。

最让畅畅妈妈生气的是，有一次学校开运动会，老师认为畅畅的运动天赋不错，鼓励他参加田径比赛项目，还给他报了400米接力赛，结果畅畅一直很紧张，几次提出不想参加，怕跑不好给班级拉分，老师是出于好意一直鼓励他积极参与，名次不重要，重在参与，结果，运动会那天，畅畅临阵脱逃没跟老师打招呼就回家了，搞得他们班跑了个最后一名。

这件事让畅畅妈妈意识到孩子的自信心问题，真的已经到了影响他的生活。也想了很多办法想帮孩子建立自信，可效果就是不明显，畅畅爸爸不仅自己很缺少自信心，对孩子也很少鼓励和欣赏，他通常对儿子说的最多的话就是，你不行，这事儿你别去做，你肯定不行。

3. 总被父母不信任的孩子无法找到自信。

孩子不仅在爸爸那里得不到任何肯定，更谈不上激励。相反爸爸还总是怀疑孩子的能力，认为他什么事也干不好，加上他爸爸平时生活中多的是这不行那不行的行为，没想到事情发展到最后，孩子连高考也放弃了。

实际上在生活中像畅畅这样的孩子真的不少，可以说自信心不足是很多中国孩子的普遍特点，我在亲子心理咨询中也经常遇到这样的孩子，学习好、行为好、性格好，但就是缺乏自信心。

从基因上讲，孩子自信的个性有先天因素，有的人天生就比较自信，有的人天生就比较懦弱，但从心理和行为上来讲，自信心的建立又跟后天的成长环境直接相关，并且这个后天的环境主要来自父母的行为和心理的影响。

孩子生下来因为自身的安全感不够，是不够自信的，可随着他不断地成长，加上父母给了他足够的安全感，他的自信心会随着年龄的增长不断建立，正常的孩子都会慢慢拥有足够支持他进行社会活动所需要的自信心。

这是说在父母的自信心也都正常的情况下。但如果父母中一方，或者就是孩子的爸爸是一个特别缺乏自信的人，孩子在他身上根本看不到如何应对挑战，如何勇敢地表现自己，如何去争取人生的发展这些行为的话，甚至爸爸的心态永远是担心的，认为自己不行的，拒绝改变或尝试新事物的，这样的爸爸真的会成为孩子很负面的榜样。

4. 孩子会通过看爸爸的行为模式建立自己的行为模式。

因为人的自信心通常是在面临挑战时才显现出来，因此在孩子的生活中，爸爸的行为比心态更能够影响到孩子。很多时候孩子面临选择的时候，他的行动模式会看自己的爸爸，常常是爸爸怎么做他就有可能怎么做，如果爸爸是一个凡事都畏畏缩缩、顾前瞻后的人，孩子的个性和习惯也会是那种比较懦弱的。

而且，人的自信心的建立是有时间点的，这其实也是一种处理问题的习惯。喜欢挑战，自信心非常强的人，无论遇到什么挑战，第一时间想到的都是如何去征服。而缺少自信的人，遇上问题他的解决方案一般都只会是逃避、退缩或者放弃，如果孩子在成长中长期用这种行为习惯来处事，就很容易养成胆小、不自信的个性。

这种个性一旦形成很难调整，基本属于孩子一生都很难摆脱的问题。有的孩子脱离家庭环境，自己到社会上参与竞争后，经历一些社会实践的历练，有一些成功的经历，可能会有一些改善，甚至变得完全自信起来，但这通常需要很长时间的磨炼和坚持。

但对某些孩子来说可能就不会这么幸运了，因为缺乏自信，他们往往会错过人生当中很好的机会，因为行为问题他们也会屡屡受挫，这样的孩子想要成功很难。

二、孩子的自信首先来自于家庭和爸
爸的培养

在跟很多父母的交流中，有不少父母很困惑，在如何塑造孩子自信心的问题上很困惑，他们也知道孩子的自信很重要，可就是不知道该如何塑造孩子的自信心。

1. 实际上每个孩子都有天然的自信心。

实际上每个孩子都有与生俱来的自信心，为什么有的孩子会失去它？主要的原因还是在家庭的环境和父母的行为影响上。

首先如果孩子成长的家庭氛围是那种极少肯定孩子，鼓励孩子去尝试，甚至孩子从来也得不到父母的欣赏，更不用说激励了，这样的成长环境就非常不利于孩子自信心的建立。

其次如果孩子的父母也是那种缺少自信的人，遇上问题就逃避畏缩，孩子看不到他们积极的行为，也会从心理和行为上受到影响，尤其是如果爸爸在这方面做得突出，那他对孩子的影响则更大。

想要给孩子一颗强大的自信心，父母首先要学会改变自己的家庭氛围，要懂得激励孩子，多欣赏孩子，鼓励孩子去做有难度的事情，孩子的自信有时候就是在他自己的小小成功中建立的。

2. 想要孩子学会自信，父母要给孩子大胆尝试的机会。

为什么成功的人大多非常自信，甚至他们的自信可以感染别人，就是因为他们敢于尝试，不怕失败，更不畏惧挫折，很多成功都是在无数次的失败中得到的，因此他们的自信心是在不断地打击中越来越强大的。

很多父母在孩子的成长过程中，很不愿意看到孩子的失败，也很不接纳孩子的失败，孩子偶尔考砸一次，他们就很不开心，甚至全是抱怨，要知道你的这个态度正是孩子失去尝试愿望的原因。因为，只要远离挑战，一切按部就班地来，是最省事儿的做法，既然家长从来不鼓励孩子尝试，他自然就没这个兴趣。

所以，想要孩子找到自信心，就要给他大胆尝试的机会，让他放开手脚去做，做好了他会体验到成功的感觉，这是激发他潜在自信心最好的方式。

做不好也没关系，孩子得到了经验教训，得到了成长的智慧，也明白了有些挑战并不可怕，关键是要敢于去尝试，有时候不畏惧失败人才会走得更远。这些人生经验父母是没办法传授给孩子的，最好的教育就是让他自己去体验，用自己的经历去获得。

3. 爸爸要懂得在心态上给孩子建立自信。

想要你的孩子具备自信的个性，爸爸不仅要在行为上影响孩子，最重要的是要在心态的调整上多引导孩子，多鼓励孩子。有些事不仅要大胆去做，还要大胆去想，并且激励孩子多去尝试那些别人认为是不可能的东西。孩子喜欢尝试的习惯一定是在父母的影响下养成的，这种习惯是孩子自信心的基石，也是孩子建立自信的必经之路。

跟很多好的个性习惯一样，孩子自信心的锻炼开始得越早越好，小的时候爸爸可以跟他分享一些励志故事，告诉他成功的人之所以会成功，首先他们都会比别人更加自信。

孩子大一些爸爸可以带他多去运动，因为运动场上的拼搏有时候很锻炼人的意志，一个人如果失去了自信，他会连最弱小的对手也无法征服。但是只要你有足够的自信心，以少胜多，以弱胜强的结局也不少见。

4. 爸爸带孩子多参加竞技运动是激发孩子自信心的好途径。

不管是男孩还是女孩，爸爸都可以带他们通过一些竞技运动来获得自信心的提升。国外的孩子为什么大多很自信，很喜欢有挑战的生活，而很多中国的孩子不仅仅缺乏自信，也大多不喜欢有挑战的生活，习惯于按部就班，甚至缺少自己的追求，愿意按照父母的安排度过人生就是因为他们很少有运动的习惯，也无法从运动中得到喜欢挑战的个性。

所以，父母一定要从小就培养孩子喜欢运动的习惯，这不仅仅只是有关于孩子身体健康的问题，运动会给孩子的思维方式、个性特质、行为模式带来很多好处。常在运动场上奔跑的孩子，不仅聪明，因为四肢的锻炼对大脑的发育非常有帮助，而且动手能力、行为能力都会很强，由于他喜欢尝试，不畏惧挑战，因此，他的自信心一定是超强大的。

5. 爸爸越早放手孩子就越自信。

孩子进入社会以后，他的自信心的建立有时候也完全在于爸爸的引导和放手。由于中国孩子大多与父母的联结过紧，即便已成年很多事情也是由父母来安排，所以他们对父母的依赖也特别严重。在这个时候，父母想要孩子尽早学会独立，一定要支持孩子去尝试是他从没有体验过的生活。

我就见过这样的爸爸，孩子大学毕业想去私企打拼一下，干一个自己喜欢的工作。但是爸爸却以私企不稳定，未来缺少保障为理由，极力阻拦孩子，宁愿给孩子安排一个国企，但却没有什么挑战性的岗位，而且这份工作既不是孩子所喜欢的，也非孩子所专长的，唯一的好处就是稳定。

看到一个刚刚20多岁的年轻人就待在这样的岗位上，每天百无聊赖的混日子，我真心替这个孩子感到可惜，他的人生原来有那么多的可能，有那么多的机会，可是都在这样的妥协中失去了。这就是中国父母常喜欢做的安排，可是这样真的对孩子好吗？

长期待在这样缺少变化、没什么挑战的环境中，孩子自然就会变懒，无论是个性还是行为，都会变得很被动，同时自信心也就慢慢失去了。一个失去自信的孩子，如果将来做了爸爸，他又能给他的孩子带来什么样的教育呢？这样的结果我们已经看到的太多了。

6.孩子有自信才会有担当。

　　建议孩子已成年的父母，尤其是爸爸，一定要给孩子尝试实现自己梦想的机会，不要过于看重他的成功与失败。年轻的孩子有的是资本，成功几次失败几次又如何？只要他可以按自己的想法去做，你应该放手让他一搏，失败了他会更努力，成功了他会更自信，这是他自己的人生，他应该在拼搏中学会为自己负责，也为别人负责，有自信心的人才会有承担的勇气。

　　很多父母跟我抱怨他们的孩子缺乏责任感，岁数不小了，还不懂得为父母和家庭负责。实际上我观察过，那些责任感很差的孩子他们最突出的个性特征就是缺乏自信，大多时候怀疑自己的能力，不相信自己可以为别人负责。这样的孩子一旦自己有了家庭就会产生很大的问题，很多婚姻失败的孩子通常有自信心特别不足的问题。

　　想要孩子从小就有良好的自信心，父母首先要学会信任自己的孩子，相信他可以承担起自己的责任，给他机会让他学会担当，这也是父母对孩子的自信心，如果连你自己都不相信你的孩子可以做得很成功，我不知道这个孩子还会从哪里找到自信？

三、爸爸的自信对孩子来说就是一种
信仰，爸爸越自信，孩子越优秀

我一直觉得爸爸的自信对孩子来说就像一束珍贵的阳光，孩子刚刚来到这个世界上，他弱小、纯洁、不沾染一丝尘世的尘埃。这样的孩子很脆弱，很需要保护，可是他毕竟要长大，要学会独立生活，再强大的父母也不可能陪他一生。

1. 孩子想要强大必须先有自信。

所以对于父母来说，与其总想保护他不受侵害，不如让他掌握自我强大的本领，拥有敢于面对挑战的个性和行为。所以说，帮助你的孩子建立强大的自信，就是在帮他把自我变得更强大。

在这个过程中，爸爸的影响力最重要。就像一颗树，你光给它浇水施肥，它会活下来，但是会很赢弱，并不健康。想让它长成参天大树，不畏惧任何狂风暴雨，并且还有力量为别人遮风挡雨，它一定需要阳光的抚育，这缕阳光就是它会强大起来的理由。

而对于孩子来说，爸爸的自信心就是这缕有着神奇力量的阳光。这是孩子的一种信仰，是他对爸爸的情感里面最重要的东西，他会特别尊重这样的爸爸，把爸爸的自信看做是自己人生可以成功的跑道，他在这样的跑道上起飞，自信就是他充满勇气的双翼，这样成功的孩子我们已经见到的太多了，而他的爸爸才是那个笑到最后的人。

2.爸爸越自信孩子越优秀。

爸爸越自信，孩子越优秀，这不是大家的猜想，而是事实，有太多的个案证明了这其中的关系。中国传统文化中常说的"将门虎子"就是这个意思，如果爸爸是威风凛凛、勇猛自信的大将军，他的孩子通常也不会弱到哪里去，即便不是青出于蓝而胜于蓝，也一定非等闲之辈，这是规律，也是常识。

所以还是尽量去做一个自信的爸爸吧！这样你会给孩子的更多，把自信当成一个爸爸必备的硬件，实际上爸爸也一定不要在这个问题上焦虑，如果你是一个不够自信的人，也不妨碍你引导孩子成为一个有自信心的人，因为人都是在生活中成长的，只要你有这个愿望，愿意去尝试未知的事物，不畏惧挑战，不拒绝改变，那你就和你的孩子一起成长吧！

很多爸爸都有这样的体会，刚成为爸爸时他的确不够自信，甚至怀疑自己是否能承担这样的责任，有时候会让他们很焦虑，但随着孩子的成长，爸爸也在成长，他慢慢知道自己的优势、自己的欠缺，是孩子让他发现了自己的潜能，让他们渐渐的勇敢起来，开始担当，当有一天，他发现自己还是一个不错的爸爸时，我相信他就找到自信的了，你瞧，不自信的爸爸都是这么来的，只要你不拒绝改变。

Part 18

爸爸的思维方式
影响孩子的思维方式

一、如果爸爸擅长正向思维，孩子的
思维方式一定是正能量的

　　思维方式的问题这几年大家提的比较多，我相信主要是有太多的人发现，一个人的行为模式和他的思维方式联系得太紧密了，可以说有什么样的思维方式就有什么样的行为方式，不管你愿不愿意，人就是这样的。

1. 思维方式决定了孩子行为模式。

　　从心理学上来讲，思维方式其实就是一个人考虑问题、面对问题的态度。它其实是有模式的。这个模式的形成主要是后天的影响和习惯的养成，因为人在最初的时候，思维方式都是没有倾向性的，因此在行为上也比较平衡，这就是我们看到孩子的行为通常更加中性化的缘故。

　　但人在成年以后，随着他在成长过程中思维习惯的形成，他开始有了明显的倾向性，有的人思维方式积极，他的行为就很正向；有的人思维方式很消极，他的行为就会表现得非常被动，负面能量比较多。

　　由于思维方式有时也是环境的产物，因此跟什么人在一起，常跟什么思维习惯的人打交道，也决定了人的思维方式的走向。对于孩子来说，他可能人生最初相处最多的人就是父母，因此孩子的思维方式大都带着父母的烙印，这是非常普遍的。

2. 爸爸的思维方式比母亲更容易影响孩子。

　　由于爸爸在家庭里权威者的角色，因此他的思维方式往往比母亲更有影响力，也更容易被孩子所接受。因此，孩子的思维方式的基础实际上是爸爸为他打下的。

思维方式决定了一个人看世界的眼光，也决定了一个人做事的态度，我们常说，你怎么想的就怎么去做吧！思维方式之所以如此重要，就是因为他决定了一个人的行为模式。

一个喜欢运动、渴望健康身体的人，就是因为他想要有一个健康积极的生活方式，他这么想的就这么去做了。于是你会看到他的身体很健康，他的行为很积极，是一个充满着正能量的人。

而一个不喜欢运动觉得自己身体不重要的人，常常表现得很消极。他喝酒、抽烟、暴饮暴食，生活方式很不健康，行为方式很消极，这样的生活其实就是因为他的思维方式太消极造成的。

思维方式如此重要，他基本决定了一个人的生存品质。因此，在一个家庭里，爸爸的思维方式基本决定了这个家庭的走向，决定了孩子思维方式的方向。

3. 爸爸的思维方式很积极会让孩子有安全感。

爸爸是善于用积极的思维方式的人，他会让每一个家庭成员都感到很温暖，他不会抱怨别人没有把事情做好，只会在你不成功的时候，鼓励你再努力一次也许就能成功了。

他不会勉强孩子都听他的，他喜欢和孩子交换看法，即便孩子违背了他的想法，他也会把这种行为看做是孩子在实现自我，而不是冒犯他。

遇到问题时，这样的爸爸更倾向于积极的想办法解决，而不是追究责任，搞得孩子惶惶不安，家里鸡犬不宁，妻子怨声载道。

由于思维方式很正向，这样的爸爸通常考虑事情都是先从积极的一面考虑，即便是消极的事情他也会从中找出对他们有利的因素来。因此，这样的爸爸很受欢迎，因为跟他在一起生活，你永远不会有绝望的那一天，在他看来，凡事都有办法，就看你去不去想。

这样的爸爸会让孩子很有安全感，让家庭的气氛很稳定，不管发生了什么样的危机，他都不会让家人担心，让孩子恐惧。因此，成为一个具有正向思维习惯的爸爸，是一件很关键的事，这是好爸爸最应该有的思维习惯。

二、想要孩子有良好的心态和调整正情绪的能力，爸爸应该重视自己的思维方式对孩子的影响

我在心理咨询中，经常发现这样一个现象，一些爸爸带着孩子来咨询，爸爸是以积极的心态来看待孩子的问题，孩子也会表现得比较积极，而爸爸是一种消极甚至很灰色的思维方式来抱怨孩子的问题，孩子就会表现得更加消极，甚至是放弃的心态。

1. 中考失利的男孩背后是思维方式消极的爸爸。

萌萌是一个14岁的男孩，他父母带着他在中考以后找到我做心理辅导，因为孩子在考试中失利，没有考进自己喜欢的中学，孩子情绪受到很大的打击，甚至都不想再读书了，因为他觉得进不了好的高中，将来考大学的希望就很渺茫，这样的中学上不上都没有价值。

孩子来的时候脸色苍白，一脸的跟年龄不相符的忧郁，坐在那儿低头不语，半天都不说一句话，态度非常消极。

据他妈妈说，孩子从考完试就不想出门，同学跟他联系他也不理人家，奶奶过生日全家都去祝寿，他却死活不去，让从小带大他的奶奶很伤心，他说不想见到那么多亲戚，怕人家问他中考的成绩。

见孩子的状况非常不好，萌萌妈妈很伤心，坐在那儿一个劲儿地掉眼泪，可萌萌爸爸却一直在抱怨，"他当初报这所学校的时候，我就说不行，人家那么多尖子生，你的学习比人家差远了，你当重点高中那么好进啊，结果他不听，就报了这一

个学校，现在傻了吧，没学上了吧，这不能怨别人，只能怨你平时不努力，我就说你不行，报个一般的学校还保险点，你偏不听，就是不听话。"

眼见着孩子的头在爸爸的抱怨中越来越低，眼泪也出来了，我连忙制止了这位抱怨起来没完的爸爸。不用说也看得出这位爸爸就是典型的负向思维方式，凡事只看到消极的一面，并且，出了问题只会用消极的方式来面对，遇事抱怨、牢骚、指责，甚至唉声叹气，都是这种负向的思维方式带来的行为。

所以，孩子的情绪为什么会变得这样悲观、消极，甚至是沮丧，都是跟爸爸的这些消极的行为直接相关。按理说只是一次中考，孩子才14岁，他的人生中还有的是机会重新再来，可在这位爸爸看来，孩子这次考砸了，几乎就失去了一生的机会，爸爸的消极思维方式，让他把这次考试的后果无限的放大了，因此也给了孩子巨大的、几乎让他这个年纪的孩子很难承受的压力。

孩子为什么考试失利后谁也不想见，封闭自己，就是因为在他心里有巨大的心结解不开，这造成了他情绪的压抑，行为的消极，这跟爸爸的思维方式有直接关系。

2. 正向思维的爸爸会让孩子不怕挫折。

假设萌萌的爸爸是一位正向思维方式的人，同样的事持不同的态度可能结果完全不同。正向思维的爸爸会在孩子没考好后照样接纳他，并且会鼓励他，让他放轻松。因为在他这个年纪，还有很多场重要的考试，他不可以在一次考试失败后，就放弃后面的所有考试。

再者说不就是一次考试吗，这个高中考不上还有很多高中可以上，并不是每个成功的人都有进入重点高中的经历，也并不是进入不了重点高中的人就注定不会成功。这只是一次人生经历而已，它的结果决定不了什么。

这样的爸爸不仅会用自己积极的思维方式帮助孩子尽快走出失败的阴霾，还会用这种积极的心态让孩子重新燃起激情，让孩子把这次考试失败当做自己走向下一次成功的起点。这样的激励，不仅有助于孩子受挫的身心尽快恢复正常，还会让孩子更加有征服欲，至少他不会加重孩子的沮丧，更不会让孩子轻易就选择放弃。

那些遇到点挫折就选择放弃，甚至是自暴自弃的孩子，大多身边有不太懂得用正向思维方式激励孩子的父母。如果这人是爸爸，那么孩子的消极面对基本是在情理之中的。

擅长正向思维方式的爸爸不仅会在孩子遭遇挫折的时候，给予孩子积极调整身心的方法，帮助孩子摆脱失败的阴影。最重要的是，他会带给孩子希望，让孩子对未来永远有一颗渴望的心，这是孩子可以在受挫后继续努力，比原来做得更好的动力。

每个孩子的成长都不会是一帆风顺的，遭遇失败与挫折更是必须的人生经历。正向思维的爸爸会学会理解与包容孩子的错误，允许孩子有犯错的机会，并且每一次都会帮助孩子在错误的经历里，找到对的人生经验，帮助孩子下一次不再犯同样的问题。

3. 负向思维的爸爸会让受挫的孩子更受伤。

而负向思维方式的爸爸，则会把一次很正常的挫折复杂化，不仅会在态度上对孩子有各种的抱怨和指责，还会在行为上表现出焦虑、担心，甚至是对孩子的不信任，这些都是充满负能量的表现，会把孩子的勇气和信心消耗殆尽，甚至从此一蹶不振。

那些遇到一点打击和挫折就容易放弃的孩子，不喜欢面对挑战，遇到困难就想逃避的孩子，通常是在这种负能量的环境中长大的。由于他们身边缺少一位可以鼓励他、帮助他面对困境、勇敢坚强的正能量爸爸，他的思维方式常常也是负向的。由于行为方式是直接受思维方式支配的，因此孩子的思维方式缺少正能量，行为方式就会很消极和负面。

最主要是这种负能量会影响到孩子的情绪和身心健康。一个常年得不到激励和欣赏的孩子，身体的状况也不会太好，更容易因为免疫力低下，而罹患各种慢性疾病。我们常说的身心疾病，就会因为疾病跟心理状况的情况息息相关。

所以，为了给孩子一个健康的身心，爸爸也要争取做正能量的爸爸，为人处世坚持正向的思维方式，心态积极，行为积极，让孩子也成为擅长正向思维的、心理健康的人。

三、思维方式一旦形成很难改变，应该在孩子小的时候就给孩子好的思维方式的影响

思维方式实际上也是一种行为习惯，它有固有的模式，一旦形成很难改变。而且，思维方式的形成有一个漫长的过程，后天的环境和行为的影响基本占主要作用。

1. 爸爸对孩子思维方式的教育开始得越早越好。

因此，父母一定要在孩子小的时候多给孩子正向思维的教育，遇上挫折和困难，引导孩子用积极的心态面对，用积极的行为去做，让孩子养成凡事看积极的一面，用积极的眼光看世界的思维习惯。

尤其是孩子爸爸的思维方式的影响就显得更为重要了，因为家庭的很多事都是由爸爸来承担的，爸爸的思维方式某种意义上就是家庭的灵魂，决定着家庭的基本走向。

爸爸的思维方式正向积极，家庭的抗压能力就比较强，即使遇上点什么挫折，家庭成员也会乐观、坚强、能够看到希望。而爸爸的思维方式很负面，家庭的气氛就会变得消极悲观，让人绝望，这样的家庭是很难看到希望和找到出路的。

2. 好的思维方式让孩子终生受益。

所以给孩子一个好的思维方式，比给他一笔巨额财富还要让他受益终生。这是一个让他无论面对顺境和逆境，都会积极向上、永不放弃的最好品质。因为在人生的很多路口，都是思路决定出路，你的思维方式有多正向，你的行为就有多积极，

这是大多数人成功的规律。

　　孩子的年龄越小他的思维方式就越好塑造，在生活中注意不断地鼓励他、肯定他。在他沮丧的时候，告诉他永远也不要放弃努力；在他逃避的时候告诉他只有面对，他才能赢在最后；在他失望的时候，让他学会在这其中寻找希望。当这样的行为成为他生活中的一部分，这样的思维方式成为他的习惯，无论他走到哪里你都不需要担心，无论他遇上什么样的挫折你也不需要担心，他会站起来，成为那个强大的人，因为他的思维方式决定了，他不会被打垮。

　　而如果孩子的思维方式从小就被塑造成消极、负面的，那么即使成年以后，他也会习惯用这种思维方式来面对自己的生活。这样的孩子通常会很不快乐，因为同样的事，别人看到的可能是积极的一面，他可能看到的都是消极的因素，这绝对会成为他成长中最难逾越的障碍，有时候他可能一生都会被这种不良思维模式所控制。

Part 19

爸爸是一个爱冒险，爱探索的人，
孩子就会喜欢冒险，表现得很勇敢，
很有创造力

一、爸爸的好奇心，探索的兴趣，对
孩子来说很重要

现在几乎全世界都在诟病中国人的创造力。虽然中国的经济实力在世界上越来越强，但中国一直是一个制造大国，缺少富有创新精神的人才，在创意领域一直比较落后，成为制约中国经济领先世界的瓶颈。

很多国外的名校都有中国的学生，在国外的教授们看来，中国的学生聪明勤奋，很用功，但是却很少有创造力，因此他们更擅长研究领域的发展，创意和艺术领域少见他们的身影。

1. 为什么中国缺少有创造力的孩子？

为什么中国的孩子普遍缺少创造力？答案很简单，那就是在他们的成长过程中很少有机会去冒险，去大胆尝试，去探索未知的东西。

这一方面是中国父母对孩子过于保护，很不愿意自己的孩子轻易去尝试什么。另一方面也是中国的爸爸们，大多趋于保守，由于他们本身就缺少探索的习惯和兴趣，因而在跟孩子相处的时候，他们也很少注意培养孩子喜欢探索、冒险的精神。

但是一个民族如果缺少了创造力，很少有自己的创意，总是跟在别人的后面亦步亦趋，你就是再强大也是暂时的，最终一定会被别人淘汰的。

2. 中国制造变成中国创造要靠谁？

可以说创造力就是生命力，我们的祖先为什么可以留下如此恢弘的历史文化，就是因为他们擅长创造，长于创新。中华民族的文化几千年来都是世界文化中的佼佼者，但是，现在我们再也没有这种可以引以自豪的感觉了，因为我们的文化缺少真正的创意，艺术缺少真正的创新，就连工业产品也是擅长制造而不是创造。

这让中国制造在世界范围内几乎成为了廉价的代名词，因为很少有自己的技术专利，中国产品的含金量很低，因此也只能成为廉价品。

随着经济的发展，中国人越来越需要创造力，而创造力不仅仅是一种思维习惯，他更可能是一种行为习惯。创造力强的人大多喜欢动手，喜欢体验式的生活，热衷于尝试和探索。

3. 爸爸的创造力直接影响孩子的动手能力。

对于孩子来说，创造力本身就是他们与生俱来的一种天性，每个孩子在小的时候都蕴藏着巨大的创造力，可为什么孩子大了，创造力反而会越来越差了呢？这就是一个后天环境影响和引导的事儿。

在家庭里，对孩子创造力的培养应该主要来自爸爸的影响。因为跟母亲相比，爸爸更愿意动手解决问题，更愿意冒险和尝试，因此他会带动孩子对未知的事情感兴趣，因此激发孩子的创造力。

而有创造力的孩子一般都比较勇敢，敢于接受陌生事物的挑战，因此一个具有冒险精神的爸爸，对孩子来说就是他一生创造力的启蒙者，这是非常重要的。

4. 大片中的爸爸为什么如此迷人？

最近热映的英国科幻大片《星际穿越》中就塑造了这样一位具有冒险精神、勇于探索的勇敢的爸爸库珀。他原先是一位退役的宇航员，后来在一次偶然的机会，为了拯救地球上的人类，他勇敢地告别了儿女和家人，踏上了未知的探索寻找适合人类生存的外星球的太空征程。

很多人都知道这是一次可能有去无回的太空冒险，因为以当时人类对太空的了解和科学手段，库珀的这次宇宙航行任务显然充满了风险，可是作为爸爸，在地球面临灾难之时，他还是选择放下与儿女的安逸生活，勇敢地走上了太空探险之路。

临别他与女儿墨菲告别，年幼的女儿十分不理解爸爸为什么去选择冒险。后来在库帕太空遇险后，他和女儿的心灵沟通使他成功获救，得以重返地球。而他走时还是幼年的女儿也已经成为一位出色的女科学家，勇敢而专注，为人类寻找更适合生活的外星球做出了很大的贡献。

在影片结尾，虽然因为时空的关系，返回地球已经102岁却依然年轻、充满活力的库珀，见到了已经年逾古稀并且病危的女儿墨菲，躺在病床上的墨菲终于原谅了爸爸，理解了爸爸，懂得了当初爸爸为什么要离开他去太空探险的意义，这场父女的和解虽然来得晚了一些，但终究还是来了。

墨菲知道了爸爸的勇敢和忘我是来自对人类的责任，她明白了爸爸的壮举意味着什么，因此，她知道自己的爸爸不仅仅是一个勇敢的男人，还是一个伟大的爸爸。

这部电影据说在国内五天的票房就超过了人民币2.6个亿，超高的人气，"烧脑"的剧情让很多人对电影中所说到的科幻产生了巨大的兴趣，而我看完这部大片最深的感受便是那位爸爸，应该说《星际穿越》是一部在写伟大爸爸的电影。

它不仅塑造了一位深爱着儿女，具有强烈的家庭责任感的慈爱爸爸，还用爸爸的勇敢、坚强，为了理想敢于冒险的行为，给当下的很多爸爸上了一课。所以我认为爸爸们都应该带着孩子去看一下这部电影，如果你想自己的孩子成为一个有创造力的人，你就应该首先学会带着孩子去冒险、去探索，勇敢一些，像墨菲的爸爸库珀那样。

在我看来，爸爸的冒险精神和爱探索的好奇心，就是孩子创造力诞生的温床，孩子的创造力会在这里生根发芽，渐渐长大，成为可以创造出奇迹的能量之树。

二、缺少爱冒险的爸爸，孩子就会对探索没兴趣，只要对生命没有危险，爸爸就应该放手让孩子去摸一摸，看一看，试一试

1. 在公园里为什么爸爸总说"不可以"？

经常到公园里去运动，因此会经常与那些在公园里玩耍的孩子相遇，每当这时我都喜欢观察父母对孩子的行为。最让我无奈的是那些爸爸们，虽然他们也带着孩子在公园里撒欢，但显然他们有些过于紧张。

不管是大孩子还是小孩子，他们想到哪儿玩必须得到爸爸的同意，小河边不能去，小山上不能去，沟沟坎坎不能去，凡是爸爸觉得有些不太安全的地方，一律不许孩子去。带着孩子在公园里玩，你会发现，爸爸们说的最多的话是，"那不行"，"这儿别碰"，"地上很脏"，"那儿不许过去"，"赶快回来"。

本来是一次很好的与大自然亲密接触的机会，孩子可以尽情玩耍的空间，可在爸爸的控制下已经成为了一次简单的放风。孩子哪儿也不能去，只能跟着爸爸在人行道上走来走去，看着孩子们百无聊赖的样子，真的很替这些孩子感到委屈。

他们一周都在学校里很受约束，好容易到周末了，去公园却不能尽兴的玩耍，他们本来应该去小山上疯跑，去小河边看看那些小鱼还在不在，去小树林里找找蘑菇，看看小山后面有什么风景，可是这些他们统统看不到，因为他们的爸爸觉得不安全。

而这本来应该是爸爸带着他们一起去做的事儿，在公园里一切设施都是有保障的，不会有太多的不安全，爸爸们以这个为理由，禁止孩子离开他们的视线，只是因为他们不爱冒险、不爱探索的行为习惯，可这对孩子的成长真是一点好处也没有。

孩子长期在这样的环境里就会变得很胆小、很懦弱，甚至很懒惰，对于未知的世界他们懒得去探索、去了解，任何问题只想要现成的答案，这会使他们养成不爱思考的习惯，而不擅长思考的人怎么会有很强的创造力呢？

孩子的行为习惯无疑都是在家庭里，在父母身边养成的。爸爸不爱冒险、不爱探索，孩子就会缺乏好奇心，懒得去了解未知事物，这样的孩子学习也会缺乏真正的兴趣，是一种被动的学习状态。

2. 爸爸多带孩子去探险会让孩子更加喜欢未知事物。

特别希望我们的生活中多一些这样的爸爸，经常会带着孩子去大自然探险，看看山的背面有什么神奇，看看那些小动物是如何过冬，看看森林里到底还有没有大灰狼，看看石头下面能不能挖出宝藏。

这些冒险，这些探索，都会让孩子兴趣盎然，并且开始激发强烈的好奇心，孩子有了好奇心自然会喜欢上思考，喜欢上学习，喜欢上探索，这样的个性会让孩子很有朝气，喜欢有创造力的生活。

爸爸经常带着孩子去冒险，探索一些未知的事物，还会让孩子变得动手能力很强，并且喜欢动手操作，这会带动孩子肢体协调能力的发育。而且，动手是对大脑潜能最好的激发手段，爱动手的孩子普遍聪明度较高，产生学习障碍的比率很低，对孩子未来职业方向的发展非常有帮助。

每个父母都想培育一个天才，可是你知不知道，孩子本来就是天才，如果你能够给他启发思考的机会，锻炼他的动手能力，让他有足够的冒险精神，喜欢求知和探索未知的事物，他所拥有的创造力，一定就会让他成为一个天才。

三、爸爸爱冒险，喜欢挑战，还会让孩子变得很勇敢，懂得如何保护自己

现在很多父母都反映孩子的个性过于懦弱、胆小，特别不喜欢有挑战性的东西。这实际上都是因为孩子成长的环境过于安逸和封闭，很多孩子出了校门就是家门，偶尔出去玩玩也是去一些现代化的场所，缺乏那种天然的、有挑战性的自然环境，孩子享受的都是现成的玩具、电子产品，当然那种发自内心的征服欲、挑战欲就会很差。

在美国孩子的小学课程里，有一个课时特别有意思的，孩子们都很喜欢，那就是野外自然课。上这个课的时候，孩子要准备很多东西。比如说铁锹、小铲子、扑虫网、小铁桶之类的工具，老师会带着孩子们向着大自然进发，让孩子们在大自然的怀抱里尽情的玩耍和探索，最后大家要在一起分享他们的收获。

有的孩子可能抓到了奇怪的昆虫，有的孩子可能发现了新的植物，还有的孩子挖掘到了奇怪的石头，这些来自大自然的发现会激起孩子强烈的求知欲，让孩子爱上冒险爱上探索，也爱上大自然。

1. 美国的爸爸最喜欢的亲子时间就是与孩子一起探险。

美国的很多爸爸会把带着孩子去探险当作跟孩子在一起最好的功课。他们常常在周末就出发了，找到一片从来没有进去过的森林，他们就会停下来搭帐篷，等到第二天日出的时候，爸爸就会带着孩子们出发了，那片神秘的大森林就在那儿等着孩子们去探险，孩子们不仅在这里面会有很多新发现，还会经历各种惊险的事情，

这不仅会让他们变得很勇敢，还会让他们懂得如何保护好自己。

孩子经常跟着爸爸去探险，就会被历练得很勇敢和有独立处置问题的经验，现在的孩子为什么胆小懦弱？就是因为他们太缺少锻炼的机会和时间，缺少独立面对挑战的胆量和智慧。

经常去冒险，孩子还会懂得如何保护自己，遇上突发事件不惊慌失措，这样的孩子胆大心细、意志坚强，可以很好地承担自己的生活，即便他走得很远，父母也会很放心。

2. 爸爸爱带孩子去冒险会让孩子很勇敢。

爸爸经常带着孩子去野外冒冒险，探索一些，会让孩子更加有好奇心和思考的习惯，可以说这是一个让孩子变得更聪明、更有生存智慧的好方法。这种活动一方面可以开发智力，一方面可以让孩子运动，另一方面还让孩子掌握很强的动手能力，而且离开孩子熟悉的环境会让孩子更加懂得关注别人，懂得人与人之间相互帮助与配合的重要性，对孩子的人格和行为的培养都特别有好处。

所以想要孩子变得更聪明，爸爸一定要具备一些冒险精神。行动起来，经常带孩子去探索一下大自然的奥秘，放手让孩子自己去探索，这样的孩子才会越来越具有创造力。有了这样的孩子，中国有一天才会从制造大国转变为创造大国，领跑世界创意领域，成为备受世界尊重的国家。

Part 20

爸爸遵守规则的态度与行为
影响孩子遵守规则的态度与行为

一、爸爸遵守规则就会让孩子对规则
有所敬畏

所谓规则有两个概念，一个是社会的道德规则，也就是人们和社会根据文化约定俗成的一些道德观念，这主要属于精神方面的，也有一些是行为方面的。还有一个概念就是法律规则，这主要是指行为方面的约束和底线。

1. 遵守规则会让人在社会上有良好的生存。

人在社会上要有良好的生存，最起码要做到遵守法律规则，不碰触法律的底线。可是想要生存得很愉快，很受尊重，还有一个很重要的规则就是社会道德规则，它包括一些社会公德，包括一些做人的品质、行为准则，包括对情感的态度，对他人的尊重程度。这些规则可能是无形的，也可能是文化传统里面的，但它实际上就是一个人在社会上生存的自然法则。

这些自然法则没有法律能有那样强大的约束力，但它却是每个人想要在社会上得到他人尊重与接纳所必须遵守的准则，也是一个社会是否文明进步的一个考量，它跟物质的发达程度有一定关系，但物质不是最重要的，最重要的事它跟人的精神状态有关，跟人对自己的行为要求有关。

2. 令人抓狂的旅游大巴皆因所有人都不守规则。

前不久，我跟随一个旅行团去国外旅行，因为正值暑假，因此，一共三十多个人的旅行团，大概有一半以上是孩子。他们最小的七八岁，最大的十五六岁，男孩居多，一路上20几天的行程，我在跟这些孩子和家长的相处中，真的感觉到很多问题，首先就是规则的问题。

我们到达国外后一直在乘坐大巴观光，从一个城市到另一个城市路途遥远，一些年纪大一点的团友喜欢在路上补觉，可是他们根本无法入睡，因为在大巴上大声喧哗、聊天的是两拨人。一拨儿是孩子们的父母，他们大声谈着生意和物价，聊着房子和车子，吵的几次导游都过来提醒他们，小点儿声，安静一会儿，外籍司机有些受干扰了。

另一拨儿当然就是孩子们了，十几个孩子坐在了一起，一边玩游戏一边吵嘴，男孩和女孩吵，男孩和男孩吵，没有一刻消停，惹得司机一脸阴沉，导游一脸无奈。我当时很希望孩子的父母们出面让他们安静一会儿，让车上的老人休息一会儿，可是，第一，孩子们的父母聊得很热烈，根本没有看到车上的人都在很疲惫无奈的看着他们。第二，看到父母在起劲儿的聊，孩子们吵得也更理直气壮了，他们根本就不在乎是否吵到了别人，也许，在他们的眼里就没看见还有别人吧。

然后是到了目的地，大家去购物，导游规定了团友们回到大巴上的时间，因为时间很紧凑，必须都遵守时间。我们才能准时去往下一个目的地。

可是，总有那么一些父母和孩子不够自觉，让一车的老老少少等他们回来，有的过了好长时间还不见影，导游以为他们迷路了，赶紧进去找，可找到他们时还在商店里买东西呢，对他们来说，导游定的规则不重要，让一车的人等他们也不重要，他们自己能过足购物瘾才重要。

到了博物馆，导游一再地说，这都是一些非常珍贵的文物，有的历史悠久，是这个国家的珍宝，因此，怕闪光灯损害它们，不允许拍照。可是你看这些家长还是拿着手机不停地拍，对这些规则置若罔闻，而他们的孩子就在身边。

由于我们坐的大巴非常新，导游和司机都一再地说，大家不要把咖啡和汉堡带到车上吃，怕弄脏了座位没办法清洗，可是家长们没有一个遵守规则的，当着司机和导游的面就把咖啡和汉堡往上带，气得司机脸都绿了，结果，有的人就把咖啡洒在了座位上，搞得一片狼藉，居然连一声道歉都没有。

本来这次旅行是我很期待的，可几天下来我已经身心俱疲，因为家长们实在让人觉得太不讲规则了，孩子们也实在太闹了，关键是孩子们这么闹腾，非常打扰别人，家长们并没有感觉，居然没有一位家长出面让孩子们安静一会儿，每个人都面带欣赏地看着自己的孩子跟别的小伙伴吵来吵去，一刻也不肯安宁。

这一次出行让我突然有了一个经验，那就是以后千万不可以在寒暑假跟团旅行，因为那时的团里有太多的孩子跟家长，再碰上这些不讲规则的家长，注定你的旅途不会愉快。

2. 出国旅行的中国人为什么不受待见？

这些年中国人有钱了，出国旅行基本已成为家常便饭，但跟中国人的钱包不成正比的是中国人的素质。其实就是遵守规则的意识和觉悟，太多的中国人不把社会规则当回事，对自己在社会上的行为不够约束，因此造成了那些发达国家的人喜欢中国人的钱包，却不喜欢中国人。因为到哪儿都喜欢突破规则的中国人，有时会让他们的国家某些地方乱了秩序。

出国旅行都是这样，在国内的人们就更是不在乎规则、无视规则的存在了，所以，挤公交的乱挤，过马路的乱过，开车的闯红灯，各种的无视规则存在的行为让中国人，人人都觉得别人素质差，但人人都不会为别人而改变。

3. 如果不遵守规则的是爸爸，孩子也会无视规则。

如果这个无视规则的人是一位爸爸，那他的孩子基本上就不会对规则产生敬畏感。就像我们坐的大巴车上已经说了不能把咖啡带上来，但父母们照样带，结果就是孩子把可乐也很自然地就带了上来，而且，很自然地就撒了一座位，导游赶紧擦，孩子却站在一边无动于衷。

不守规则的爸爸会比守规则的爸爸更有力量，因为规则本身是一种约束，作为人谁也不喜欢被约束，这是人之常情，因此如果可以不守规则，孩子是最高兴的。

关键是孩子未来也要走上社会。也要成为一个社会人，如果他从小所受到的教育和影响就是可以不遵守社会规则，那他走向社会后将很难适应环境和他人。

所以，孩子遵守规则的行为习惯也是从小养成的，而且这个习惯的养成很大程度来自他对规则的敬畏感，而这个敬畏感的建立最重要的就是父母的态度，甚至是爸爸的态度，因为孩子在行为方面更容易受到爸爸行为的影响。

4. 不守规则的爸爸要懂得为孩子做改变。

所以，当你成为一个爸爸，你的行为可能就不可以再像以前那样随心所欲。你首先要为自己的孩子而改变，因为如果建立不起对社会规则的敬畏感，就没办法成为一个懂得遵守规则的人，走向社会后，不懂得遵守规则，或者屡屡突破规则会给孩子的生活带来很多麻烦和障碍，降低他的社会评价，影响别人对他的尊重，甚至导致他生存得很困难。

很多走向社会却无法融入社会，甚至被社会所拒绝的孩子，大多是因为遵守社会规则的品质很差，或者根本就不懂得什么叫做社会规则，了解一下他们的成长经历，你往往会发现，他的父母或他的爸爸本身就是非常不遵守社会规则的人。

5. 爸爸开车闯红灯孩子成年以后也会效仿。

比如孩子的爸爸开车非常不讲规则，抢道、超车、闯红灯、在马路上随便闯，如果这个孩子经常跟在爸爸的身边，爸爸的行为会给他留下深刻的印象，他会觉得抢道很正常，强行超车很正常，连闯红灯他也觉得无所谓。等这个孩子成年以后，你就会发现，他在马路上的表现跟他的爸爸如出一辙，爸爸总是突破规则，孩子就会对规则熟视无睹，根本不在乎，这是非常可怕的。

所以，对于孩子来说，爸爸对规则的遵守程度直接决定了他对规则的接受程度。而人一般是通过对规则的认知来达到遵守规则的自觉程度的，如果孩子不认可规则，那么你就别指望他长大了就会自然的学会遵守规则。

6. 守规则的习惯一定得从小就培养。

从这一点来看，孩子懂得遵守社会规则一定也是从小的习惯。国外的人在超市即使有两个人，他也会懂得安静的排队，因为他们从小就看到自己的父母，在安静的排队，所以他们成年以后，他们就成为懂得遵守社会规则的一份子。

如果爸爸在孩子面前总是表现得很守规则，孩子就会很自然的把出了家门要遵守社会规则当成自己应该做的事儿，处处不需要大人的提醒他也会懂得遵守规则，而这样的孩子长大以后，也一定很容易成为受大家欢迎的人。

7. "熊孩子"遭吐槽能怨他们吗？

自从去年大家就在各种吐槽的"熊孩子"其实就是一批不懂得遵守社会规则的孩子，这些孩子在社会上乱折腾，搞得周边的人很烦他们。到别人家做客既没礼貌也没规矩，让人家很讨厌，这样的"熊孩子"还没完全独立走上社会，就已经让人很受不了了，不知他们长大以后会成什么样儿。

我一直认为孩子的问题不能完全怪孩子，对于孩子来说，他成长中有各种各样的毛病这是很正常的，关键是他们的父母，能不能及时发现这些问题，及时对孩子的行为问题进行矫正。

还有一个很重要的问题是，孩子的有些行为问题实际上是受到父母行为的影响。如果父母走在大街上，不遵守交通规则、随地吐痰、扔垃圾、开车乱停车、公共场合大声喧哗，孩子也一定会和他们的父母一样，无视社会规则，处处突破规则。

所以，父母有时会学会遵守社会规则也并不是完全为了你自己，你要考虑的是你的孩子，他有一双眼睛，你怎么做他就会怎么做，这是不以你的意志为转移的规律。尤其是爸爸带着孩子一起出行的时候，要更加注意自己的行为给孩子带来的影响，因为你今天对待社会规则的态度就是孩子明天的行为准则，想要自己的孩子成为一个受人欢迎、不被社会所拒绝的人，让他从小就建立对规则的敬畏感很重要。

二、做一个社会人，遵守法律规则也是必须的，爸爸不轻易碰触"高压线"，孩子就会从小有对法律的认知

法律对我们这个社会来说，其实已是一种最低的底线，每一个社会人走向社会寻找生存机会的时候，可能心里最应该有的一根弦儿应该就是法律了。可生活中就常常会有这样的爸爸，对自己的行为缺乏约束，轻易就碰触法律的高压线，不仅让自己的生活缺乏保障，给家庭带来了打击，也给孩子的成长蒙上了阴影。

1.爸爸的一次触犯法律却在18年后耽误了孩子的前程。

前不久，河南的一位爸爸就遭遇了这样一件事。他的儿子正读高中，是一个非常优秀的孩子，被美国一所学校录取为交换生，请他赴美就读，就在孩子的一切手续都办好，即将启程的时候，美国方面要求孩子的爸爸出具一份无犯罪记录证明，可是孩子的爸爸跑到派出所，却因为他18年前曾经有一次因犯罪被判刑一年的记录，而无法拿到这份美方要求的无犯罪记录证明。

因为爸爸的瑕疵，美国最后取消了孩子赴美就读的资格，孩子失去了一个难得的机会，非常沮丧，而孩子的爸爸说什么也没想到，十几年前自己的一次触犯法律的行为，却给孩子的发展带来这么大的障碍。而那个时候他的儿子刚刚出生。

这个个案很清晰地告诉了我们一个答案，那就是法律就是法律，它既是每个社会人生存的保障，又是人们想要生活的受人尊重的底线，一位很容易就突破法律底线的爸爸，既会给自己带来高昂的人生成本，也会让孩子和家庭带来不良的社会评价，直接影响到孩子的生存和发展。

2. 触犯法律的爸爸常常让孩子找不到好的出路。

在北京有一个太阳村，这是一个专门收留罪犯子女的公益机构，这里的孩子有很多不是失去了母亲就是失去了爸爸，有的是母亲不在了，爸爸又在坐牢，无人照顾他们，只好被好心人送到了这里。

我曾经去太阳村采访过这些孩子，这些外表看上去跟别的孩子差别不大的男孩女孩，每个人眼睛里都有深深的痛楚，由于大多数孩子是因为爸爸犯罪失去了原来的家，在这些孩子心底，爸爸都是不可碰触的伤疤。

对于这些孩子的未来，太阳村的老师们也有些无奈，因为他们在这里长大了就要离开，走向社会独立生存，背负着爸爸或母亲犯罪给他们带来的沉重过往，想要找到一条好的出路也不是那么简单。

尤其是对这些孩子成年以后的行为，老师们很担心。毕竟父母触犯法律的行为给他们了一个很不好的影响，如果在社会上这些孩子不能够很好的约束自己的行为，轻易就突破法律的规则，等待他们的将是和他们父母一样的命运。

我一直认为做父母就是一种责任，因为你的孩子一旦来到这个世界，他就不再仅仅属于你，他的社会属性决定了他将来一定是要回归社会，成为社会的一分子的。那么，既然必须要成为一个社会人，遵守社会规则和法律规则则是必须的，否则，你是很难在社会上生存下去的。

3. 爸爸应该在孩子很小的时候就让孩子知道法律是人的最后底线。

这其中尤其是遵守法律规则更为重要，因为法律已是做人的最后一道防线，如果连这个防线都无法坚守，屡屡突破，这已经不是人生失败的问题了。太阳村的孩子已经告诉我们，如果父母总是视法律无睹，一再碰触法律底线，那么生活破碎，家庭破碎，孩子的人生破碎，基本上是这样的结局。

如果你作为一个爸爸经常把触碰法律的行为当作家常便饭，你的孩子就会同样行为缺乏底线，因为这也是一种行为习惯，与社会规则相比，法律的规则更严肃，界限更清晰，哪些能做哪些不能做，爸爸心里应该看得很清楚，只有爸爸的行为很规范、很守法，孩子才会建立对法律的认知，明确自己的行为界限，有强烈的法律意识，这对孩子的人生来说是非常重要的保障。

三、爸爸要引导孩子遵守法律规则，
不要觉得孩子还小，法律离他很遥远

1. 男孩偷同学手机爸爸却认为法律离孩子很远。

前几天，去一所小学讲课，听老师们讲了这样一件事。一位小学五年级的男生，因为去网吧打游戏没钱，就偷拿班里一位女生的苹果手机卖给了别人，把钱都用来上网吧玩了。

女生丢手机后很着急，老师也动员大家帮她找，结果谁也没找到。这件事不了了之。后来这个男孩又偷拿了同学的一部手机，这次老师果断让大家把自己的书包都拿出来检查，手机在这个男孩的书包里被发现了，老师一看这可不是一个小事儿，因为两部手机都是名牌，加在一起七八千元钱，这要在社会上都够判刑的了。

老师迅速把男生的家长找了来，结果男生的家长表现得很不以为然，问清了谁丢了手机，一个学生赔了一部新的，还一再说他们家不差钱，孩子就是淘气不懂事儿。

这件事儿让老师也很担心，家长这么纵容孩子，发生了这样的品行问题还觉得无所谓，为此老师特意提醒孩子的爸爸，平时要给孩子有一些法律常识的引导，让孩子对法律有一些了解，避免再发生类似的行为问题。

可让老师很无奈的是，这位爸爸把眼一瞪，不高兴地说，"这才哪到哪儿啊，他不过还是个孩子，他懂什么呀，这点小错算不了什么。"

看着这位爸爸就这么把孩子领回家了，老师也很无语，可是这孩子的行为真的已经碰触到了法律的层面，老师认为如果孩子的爸爸不在这件事儿上给孩子一个明确的结论，那么这个孩子的行为很有可能还会升级，真到了那个时候，有些事儿可能就不是孩子的父母能控制的了。

2. 法律真的离你的孩子很远吗？

小川是一个17岁的大男孩，他的妈妈带他找到我的时候，这个男孩一脸的沮丧、无精打采、一点朝气都没有。我很奇怪这个17岁的男孩怎么这么没精神，结果他抬起头来，吓了我一跳，长得眉清目秀的一个男孩，左脸颊上却有一条深深的疤痕，大概有八九厘米长，这整个让孩子毁了容，挺清秀的孩子现在面目全非。

小川妈妈告诉我，孩子本来酷爱表演，今年高考的艺考早已经过了，就等着参加高考的文化考试了。可就在高考前两个月，小川在学校里和同学有了一点争执，有一个同学很冲动，拿起一把美工刀就往他脸上划了一下，虽然手并不重，但因为美工刀特别锋利，小川的脸就给划伤了。

结果为了治疗修复疤痕，小川来了北京，连高考都没有来得及参加，那个划伤他的同学因为小川的伤构成轻伤，被刑事拘留，直到现在还没放出来，也与高考失之交臂。

小川的脸几经修复，受了很多罪，可是伤痕太深，根本无法恢复原状，最后连整形医生也对小川摊牌了，告诉他，无论怎样努力，以目前的整形美容技术，他的脸也就这样了，疤痕可能会永久存在。

小川妈妈说，那天听医生这么说，受伤以后一直挺坚强的小川终于忍不住号啕大哭，让医生也掉了眼泪。从那以后，小川就变得特别沉默，不愿意出门，尤其是不愿意见熟人，妈妈见他日益这么消沉下去，也很着急，在网上看到我的书找到了我，希望我能给这个绝望的少年一些帮助。

这本来的确是一个小事，同学之间打打闹闹，有点小争执很正常，可谁也想不到却毁了两个孩子的人生。究其根本原因，我还是觉得孩子们不懂规则，尤其是不懂法律规则。所以，很多家长说到法律规则都不以为然，认为离他们的孩子很远，可是，真的远吗？

正因为家长们都不重视对孩子法律规则的教育和引导，才导致了孩子的行为缺乏规范的约束，轻易就碰触了法律的底线，最终伤害了别人，也毁了自己的前程。

3. 高三女生被人告上了法庭才知道她侵犯了别人的隐私权。

诺诺是一个女生，刚刚读高三，她聪明漂亮，是大家公认的班花，可是不久前她却惹上了官司，被班上另一个女生给告上了法庭，指控她诽谤，侮辱别人，还侵犯了别人的隐私权、肖像权。

诺诺的父母知道这事儿后大为惊讶，因为在他们看来，女儿乖巧、听话、成绩很好，怎么会被人告了呢？

在法庭上他们才知道，因为女儿以前喜欢过的一个男生和班里一个新转来的女孩好了，两个人如胶似漆，经常在朋友圈儿里秀恩爱，这让诺诺大为不满。为了发泄心里的情绪，诺诺开始在网上发帖子，说那个女孩的坏话，编造那个女孩两性关系很随便的谎言，还转了那个女孩和那个男孩的一些私照在网页上，引起了很多人的围观和评论，给那个女生带来了很大的伤害。后来，女生的家长介入进来，请了律师把诺诺告上了法庭，因为她已经满18岁，成为一个要负法律责任的完全行为责任人。

这件事虽说在法庭的调解下，双方达成了和解，在诺诺的家长赔偿了对方的一些精神损失费后告一段落，但诺诺和那个女生的学习却受到了大大的影响，那年高考，两个孩子双双失利，都与她们心仪的高校擦肩而过。最后只得一个选择了重新复读，一个选择了出国留学，可以说两个孩子的人生轨迹也从此改变了。

所以在很多父母看来，在校园里的孩子离法律的规则很远，不需要怎么担心，可是偏偏有不少孩子就在这里出了问题，而且还不是简单的问题。

4. 尊重法律、敬畏法律的爸爸才能给孩子建立行为防线。

尤其是对孩子的爸爸来说，不仅你自己要做一个不突破法律规则的人，引导孩子尊重法律规则、敬畏法律规则同样是你非常重要的责任。

有时候这就是一个意识问题，也就是你在孩子的成长中有没有意识到，让孩子懂点法律规则，知道点儿法律规则，遵守法律规则是一件绝对不能忽视的事儿。

孩子的行为都是受他的思维支配的，如果他的思维里缺少这个法律规则的约束，他的行为就很容易没有底线，像我前面说到的个案，大多数孩子在碰触法律高压线时，并没有意识到他的行为有问题，相反他们还会觉得自己的行为没问题，当真的发现他们的行为已经击穿底线要被法律所制裁时，他们才真正明白，哪些是不能碰触的，哪些是不可以去做的事情，而往往这时都已经有些晚了。

想让孩子的成长安全、顺利、不误入歧途，爸爸一定要及时给孩子一些法律常识的指导，不仅可以从自己的行为准则中得出一些经验，与孩子分享，还可以在孩子看书、看电视剧、电影的过程中，引导孩子对人们的行为有一些思考，建立孩子的是非观，让孩子对遵守法律规则的行为有一些认知。

这是爸爸对孩子人生最负责任的表现，也会最大程度上降低孩子的人生成本，是孩子可以一生平安的保障。

5. 爸爸应该让孩子从小就懂得遵守规则生活才有保障。

不管是社会道德规则还是法律规则，它实际上就是一种思维和行为习惯，爸爸在生活中遵守规则，不轻易突破规则，孩子的规则意识一定会很强。就目前来说，中国人当中遵守规则的人越来越多，大家都开始明白了一个道理，那就是谁都不想遵守规则，谁都想让别人遵守规则，自己无所谓，那么这个社会就会越来越乱，越来越没有秩序。

而一个没有秩序的国家是很难有愉快的生存体验的。因此，当越来越多的人意识到，生活并不是只要钱多就会快乐，只要拥有物质就会快乐的。生活一定是每个人都懂得遵守规则，每个人都会考虑到他人的感受，学会尊重他人的存在，并且懂得遵守法律的底线的时候，生活环境的文明和谐、美好舒心、愉快阳光，才会让人享受到真正的快乐。

希望爸爸们在孩子小的时候就把这些人生经验跟他分享，让孩子知道在社会上总是突破规则令人讨厌，懂得遵守规则才会获得别人的尊重和欢迎，赢得更好的社会评价和未来。

Part 21

爸爸去哪儿
孩子去哪儿

一、孩子是爸爸在这个世界上的作品，优劣与否与爸爸在孩子上用了多少心有关

虽说这几年关于爸爸在孩子成长教育中的重要性被越来越多的父母所发现，但是据我调查，在中国的家庭里，爸爸参与孩子成长教育的比率还是很低的，很多爸爸还是把自己的角色定位为赚钱养家的顶梁柱，把孩子的教育都推给了孩子的母亲。

1. 在孩子的教育上，一个爸爸可以替代200个校长。

已经有大量的科学研究表明，爸爸参与教育的孩子未来会发展得更好。因为与母亲的教育方法相比，爸爸对孩子的教育更加理性、更加讲规则、更加强调行动力，这不仅锻炼了孩子的动手能力，还让孩子善于思考。因此，爸爸在孩子的成长中多花一些时间和精力是非常值得的。

我们常说孩子就是父母的作品，孰优孰劣大家评判的不是孩子本身，而是父母的养育艺术。尤其是对爸爸来说，这一点就更重要了。对于孩子来说，妈妈意味着抚养责任，和爸爸却承担着培育责任。一个孩子长大以后，以什么样的观念看世界，以什么样的行为习惯面对世界，以什么样的思维方式打理自己的人生，这些几乎决定了孩子一生的品质，需要爸爸的引导和培养。

2. 爸爸多陪伴孩子就是在教育孩子。

所以，在教育孩子的这件事上，爸爸不应该有任何借口，只要你有心，陪孩子

聊聊天的时间你应该可以找得出来。我特别建议爸爸们，教育不是苦口婆心，也不是喋喋不休，它其实就是一种陪伴。陪孩子玩耍、陪孩子阅读、陪孩子聊聊他的梦想，陪孩子去做一些他喜欢做的事，让孩子在爸爸的陪伴中体验父爱的力量。

陪伴孩子是爸爸责任感的一部分，有时候比你能给他买多贵重的礼物还要重要，因为再贵重的礼物，孩子也会很快忘记，但爸爸的陪伴就像阳光，每天拉开窗帘就在眼前，会让孩子的一生都充满阳光。

经常有爸爸陪伴的孩子，你从神态上就可以看得出来，他不怕陌生人，喜欢跟人打招呼，开朗活泼，充满了朝气和自信。而总是看不到爸爸的身影，常年跟妈妈在一起的孩子，爱哭、脆弱、不喜欢陌生人，不爱跟别人打招呼，缺乏自信，经常发呆，不爱与人交流，这样的孩子大多性格内向，等父母发现他的个性有问题时，他已经养成习惯了，很难扭转。

3. 爸爸爱孩子就多跟孩子聊聊天吧。

爸爸对孩子来说就像是打开另一扇世界的窗子，因为大多数爸爸有机会在外奔波，因此你的人生经验就是孩子的书本。所以，养成与孩子交流的好习惯，让孩子喜欢把心里话讲给你听，而不是你去问他他也不说。

很多爸爸问我，如何让孩子喜欢和爸爸聊天，因为很多爸爸感觉孩子还是不太愿意和他们分享心里话。我有两个建议，第一个建议是，爸爸要多创造和孩子在一起的机会，哪怕时间不长，但是频率很高，这会让孩子与爸爸之间没有隔阂，有亲密感，而关系亲密了，孩子自然就愿意敞开心扉。

4. 尊重接纳孩子想法的爸爸最受欢迎。

第二个建议是，爸爸要放下自己的权威和架子，在孩子面前你就是个爸爸，你不要把很多爸爸之外的东西带进来，接纳你的孩子，不要轻易评价他的想法，更不要随便打断他的话，否定他，甚至告诉他你说的没道理。

这些都是特别伤害孩子自尊心的做法，如果经常这样，就会让孩子彻底放弃与爸爸沟通的欲望，哪怕爸爸再想要去接纳他，他都不会接受。

所以很多爸爸抱怨孩子不愿意跟他沟通，认为是孩子的问题，我让他回忆一下孩子是从什么时候开始不愿意跟他说心里话的，爸爸们总会回忆起那么几次，他拒绝接纳孩子想法的情景，实际上这才是孩子不喜欢和爸爸沟通的真正原因。

所以，不管你的孩子多大，他都应该有自己的个性和想法，想让他接受你的引导和教育，前提是你要先学会接纳他。孩子可能有各种不成熟，甚至在你看来很傻的想法，没关系，这不正是孩子可爱的地方吗？他的童真、他的幼稚、他的纯净都是人一生当中最宝贵的"财富"。虽然他最后也会和你一样变得成熟、世俗、功利、现实，其实这只是时间问题，请让他把这些童真的东西保持得更久一点吧，这才是他最珍贵的一面，你需要全身心去接纳。

好孩子就是你的一部作品，这部作品会成为创世之作，还是粗制滥造，缺乏生命力，全在你对他用了多少心思上，因为你是孩子的爸爸，因此别说你的孩子跟你无关。

二、没有爸爸是不爱孩子的，关键是爸爸的爱当中有多少智慧，有多少理性，有多少科学

在我所接触的亲子教育咨询中，将近20年的时间，我与各种各样的爸爸们打过交道。他们虽然身份地位各不相同，有的富有、有的清贫，有的受过很好的教育，有的却读书不多，可在我看来，这些外在的因素几乎跟他们教育孩子的水平没太大关系。

也就是说在教育孩子的问题上，一个作为大学教授的爸爸，不见得比一个农民爸爸更成功，也不见得把孩子培养得更优秀。究其原因，还是因为虽然都是爸爸，有的爸爸是用理性、用科学、用智慧来引导孩子的成长，有的爸爸却是靠本能、靠感觉来面对。

我根据很多问题孩子的个案，对他们的爸爸的教育方式的缺陷做了一些归纳，大致有这样几种爸爸会导致孩子的教育失败：

1. 放纵型爸爸。

这样的爸爸又叫做溺爱型爸爸，是指那种在家庭里对孩子特别溺爱、放纵，教育孩子从来不讲方法和原则，一味的迁就孩子，无条件满足孩子的爸爸，这样的爸爸如今越来越多。一方面是因为现在的物质条件越来越好，爸爸们有能力满足孩子的各种要求；另一方面则是因为几乎家家就一个孩子，家里的几代人都围着他转，爸爸自然也就会把孩子宠上了天。

可是这样的教养方式却极不利于孩子的健康成长，对孩子个性的过度放纵，会

让孩子从小就养成任性、自我、跋扈、为所欲为的性格，这样的个性非常不利于孩子未来的社会化。因为每个孩子将来都要成为社会人，尽可能地融入身边的社会，而这种个性会让孩子的社会化进程遇到很大障碍。因为，作为家人和父母你可能会忍受孩子的任性、自我，但走向社会，没有人会愿意和这样个性的人相处。

当孩子被社会所拒绝的时候，他的身心会备受打击，不管他有多优秀，个性不健康将成为他未来人生发展的瓶颈，而对于已成年的他来说想要调整改变也不是一件容易的事。

对孩子行为的放纵，就更是一个很可怕的问题。前不久，我听说过这样一个案例，一个孩子小的时候偷自行车，爸爸不但没有管他，还帮他把自行车卖了。等孩子成年以后，却偷起了汽车，而且还是团伙作案，最后因为数额特别巨大，被判了无期徒刑，看着自己刚刚20岁的儿子要在监狱里度过一生，这位爸爸老泪纵横，悔不当初。

这实际上就是一个特别典型的对孩子行为放纵所造成的严重后果。孩子的成长其实就是一个对他行为不断引导纠错的过程，因为孩子涉世未深，他的很多行为都缺乏是非感，他需要在父母的监管下不断懂得哪些是该做的，哪些是不能做的。

尤其是因为爸爸在家庭里处于权威地位，在孩子的行为表现上，爸爸应该有更高的关注度和监管力度。自古以来母亲多因为爱的本能泛滥，容易忽视孩子的行为问题，或者明知道孩子的行为有瑕疵，却不舍得出手纠正。为什么说家庭里爸爸的教育职能很重要，就是因为与母亲相比，爸爸可以更理性、更科学的面对孩子的成长。

前几天，看到一个新闻，一个男孩在一座写字楼电梯处，因为无聊，把这座大厦的每一层电梯都摁了一遍，于是，二十几层的电梯每一层都要停靠一次，正值中午下班的高峰，让大厦里的人个个苦不堪言。

被上司臭骂了一顿的保安开始到处查看，想看看这是谁搞的恶作剧，结果发现是一个七八岁的男孩干的，保安很恼火说了男孩几句，可男孩却并不服气，与保安吵了起来，保安一时气愤竟打了男孩一个耳光，这时男孩的爸爸闻讯赶来，二话没说便与保安扭打在一起。

这时围观的人越来越多，很多人都对那位护子心切、不讲道理的爸爸很反感，虽说保安对个孩子动手很不对，但是对这样的"熊孩子"有时候没点儿惩罚手段，真的没办法约束他的行为，尤其是在他爸爸都不管的情况下，保安出手替他爸爸教育一下孩子也无可厚非，这只是一个方式方法的问题。

在这个个案中很多人只看到了"熊孩子"，感觉对现在的"熊孩子"很无奈。在我看来这一定不是孩子的问题，"熊孩子"的背后一定有一对"熊家长"，至少有一个"熊爸爸"这是肯定的。正是因为做爸爸的在孩子的行为问题上过于放纵，对孩子的很多违背社会规则、突破人们承受底线的行为熟视无睹，不加矫治和管理，才造成了孩子的行为失控，屡屡给别人也给自己带来很大的麻烦。

所以放纵型的爸爸，看似很爱孩子，实际上却在害孩子。这种爱缺乏理性，很不科学，也缺少智慧，在爸爸的这种放纵中长大的孩子，个性和行为都会有很严重的缺陷，将来很可能不适应社会化的生活，影响他的社会化程度。

而一个人如果社会化程度太低，就会遭到社会的抵触甚至是放弃，因为人是社会化的动物，当他成年以后，无法和身边的人一样被别人所接受，被社会所接纳的时候，他会变得很痛苦。

孩子的个性和行为需要在小的时候得到爸爸强有力的教育和监管，而不是任其随意发展，爸爸不仅要做一个有力量的爸爸，有足够能力管理自己的孩子，还要做一个足够细心、足够有洞察力的爸爸。因为孩子的个性和行为有时候存在于一些生活细节当中，容易被忽视。想要了解自己的孩子，爸爸一定要养成跟孩子每天聊聊天的习惯，哪怕只是餐桌上的一小段时间，通过与孩子的交流，你也会基本掌握他每天的经历，他的所思所想，这样就会很容易发现孩子的变化，有利于调整对他的引导方向。

2. 专制型爸爸。

专制型爸爸在中国的家庭里很常见，因为很多中国爸爸在承担了养家糊口的责任同时也自认成为一家之长，专制型的作风，专制型的态度，包括专制型的思维方式和行为基本上属于自学成才。

这样的爸爸在家庭里属于说一不二，是决策者，在孩子面前是权威、是领导，一副不容侵犯的样子。这样的爸爸往往和孩子的关系不够好，因为他与孩子之间的交流仅限于命令和被命令，指挥和被指挥，缺乏平等，更谈不上尊重。

外

孩子小的时候会因为力量的微弱而不得不服从这样的爸爸，而当孩子进入青春期后，这样的爸爸常常是孩子叛逆最直接的原因。很多和爸爸关系疏远的孩子，都是因为从小受到爸爸的专制让他们很不爽，长大以后，当他们有能力独立的时候，他们最想远离的就是这样的爸爸。

很多爸爸的专制行为来自传统观念，有的是因为他爸爸很专制，所以他认为自己做了爸爸就应该专制。有的是因为觉得想要孩子尊敬他、崇拜他、服从他，所以必须专制，还有的爸爸觉得自己是家庭的供养者、顶梁柱，所以必须说了算。

这些想法其实都是来自于爸爸的观念，那就是他希望孩子服从他。对于这样的爸爸来说，我觉得他真的很本能，首先他把自己放在一个支配者的角度上，这本身对孩子来说就不公平，其次，一个只知道服从，没有自己思想的孩子真的有那么好吗？

对于这样的爸爸来说，他忽视了孩子作为一个独立生命体的存在，他把孩子看做成一件物品或者说是一件私属物品，所以他认为自己有权利决定孩子的一切。小到孩子什么时间去公园玩儿，大到孩子成年以后找什么样的工作，这样的爸爸和孩子之间缺乏平等的交流，也让家庭缺少民主的气氛。

在专制型爸爸身边长大的孩子大多个性不够开朗，行为上缺乏自主的能力，有一些孩子会在青春叛逆期发生离家出走一类的极端行为。而且越专制的爸爸就越容易造就逆反心理相当严重的孩子，有的孩子会在突然脱离家庭的监管后，行为失控误入歧途。

爸爸不公平的对待常常让这样的孩子以为社会上的人都会这样对待他们，于是，他走向社会后就会把与爸爸的相处模式带到他的行为里来，他们或者极度叛逆，跟谁都合不来，尤其对权威者不喜欢服从，容易挑战他的上级。或者极度服从，缺少自己的想法，在任何事上都特别被动，属于消极个性。

这两种个性的孩子都会很难在社会上找到自己合适的位置，生存对他们来说不是一件容易的事。

专制型的爸爸在过去的年代里也许还有一定的市场，但在如今更加开放的生活环境里，在信息量如此之大的今天，这样的行为真的应该"寿终正寝"了。现在的孩子比过去任何时候都更要求民主，要求尊重，要求平等。

实际上对于家庭来说，还有什么比家庭成员之间的相互尊重、相互倾听更让人感到愉快的呢？谁都知道爸爸养家糊口、劳苦功高，真正的尊重和服从一定是发自内心的爱戴和敬仰，而不是靠发号施令，专制粗暴所能够达到的。

爸爸们一定要对自己的角色有所认知。你是孩子的爸爸，虽说你是孩子的家长，对他的成长有监管职责，但你更大程度上是他的朋友，他的到来是为了和你相互陪伴共度一生的，最重要的是他有一个什么样的人生，基本上取决于你。

你给了他平等尊重，他就会懂得尊重自己也尊重别人，更加尊重你；你给了他民主宽松的成长氛围，他就会变得性格开朗、行为积极；你给了他信任与理解，他就会懂得信任别人，活得轻松不纠结；你包容他给他自由，他就会懂得包容别人，不把自己的意志强加给别人，包括未来他的孩子。

这样的他可能很平淡，也可能很成功，最重要的是他可能很快乐，没有沉重压抑的童年，没有叛逆扭曲的少年，也没有委曲求全的青年，他会成为一个健康的人，一个很容易被社会和他人接纳的人。拥有一份不错的工作，找到一个好妻子或好丈夫，把自己的孩子教育得和他一样的健康，这实际上才是一位爸爸真正的成功，看到自己的孩子拥有驾驭幸福生活的能力，还有什么比这个更能证明爸爸的成功呢？

3. 冷漠型的爸爸。

我经常在咨询中听到妈妈们这样投诉，"孩子的爸爸很忙，没时间跟孩子在一起，也很少管孩子，有时候偶尔在家，也很少和孩子聊天谈心，只知道忙自己的事情，孩子也很疏远爸爸，不愿意和爸爸单独在一起，妈妈一个人带着孩子还要上班，感到特别劳累，孩子的爸爸却从来不愿意在孩子的事儿上搭把手。"

每当听到妈妈们这些抱怨，我都是建议她们多安排一些机会让孩子的爸爸多陪陪孩子，甚至建议妈妈们往后撤一撤，让爸爸多承担一些对孩子的抚养责任。可过了一段时间，妈妈们的反馈消息是，她们该做的都做了，孩子的爸爸仍然坚持工作是第一位的，应酬是第一位的，个人娱乐是第一位的，孩子不归他管。

像这样的爸爸就是典型的冷漠型爸爸，这种冷漠主要是来自行为。他倒不一定心里没有孩子，只是他不会把这种对孩子的情感用行为表达出来，甚至不屑于表达出来，因为他觉得没必要。

冷漠的爸爸是如何产生的呢？我一直认为是他们观念的偏差导致他们行为的

偏离。有的爸爸对孩子的成长漠不关心是因为他觉得自己忙没时间，孩子有妈妈管就可以了。有的爸爸是认为男人是干大事儿的，不能在孩子身上投入太多精力，这样有点没出息。也有一些爸爸认为，孩子的成长是一个自然的过程，不需要参与太多，更不需要过于关注，在物质上可以满足他就可以了。

就目前孩子的成长来看，这些爸爸的想法显然已经不那么合情合理了。孩子的成长需要爸爸，就像人的成长需要白天和黑夜，白天的太阳助人越长越健康，而黑夜却让人有体味温暖与陪伴的机会，这样的生活才是平衡的生活，而平衡的生活才会让人找到快乐。

现在为什么有那么多的孩子感受不到快乐，就是因为他们不是缺了白天就是没有黑夜，阳光很好，可是缺少陪伴和温暖的孩子即使走在阳光下也会感到孤独与寂寞。孩子比大人更容易感到孤独，因为大人的世界很斑斓，而孩子的世界里只有父母。

而如果这个世界里再缺少了爸爸的温暖，孩子会成长得很艰难，如果你是一位冷漠型的爸爸，请尽快学会改变吧！孩子需要你温暖的怀抱和关注的眼神，我知道你很忙，可这绝不应该是你冷落孩子的理由，要知道你今天对他冷漠，他明天就会对全世界冷漠，而你今天给他一个拥抱，未来他会用自己的拥抱去温暖每一个人。

孩子的成长有时候就是这么神奇，其实并没有诀窍，无非就是1%责任和用心加上99%的爱，爸爸对孩子的爱没有什么不好意思的，你要真爱孩子就不要疏于表达。

前不久刚刚去世的日本著名演员高仓健，在他70岁高龄的时候，曾远赴中国，参与拍摄了著名导演张艺谋的影片《千里走单骑》。这部情感片，高仓健基本是本色出演，他在里面饰演了一位情感冷漠、刻板的爸爸高田。

《千里走单骑》是一部写父爱觉醒的电影，高田是一位年轻时因为忙于事业和自我的发展，对孩子异常冷漠和忽视的爸爸，疏于对儿子的陪伴和关照，多年以来他和孩子之间没有沟通，严重缺少交流。他不了解儿子，儿子对他也很陌生。进入晚年后，高田感到了孤独，他开始关注起儿子，希望和孩子有一些亲近的可能。

可是这时他得到一个坏消息，年仅40岁的儿子因为长期抑郁压抑得了绝症，即将不久于人世，高田头一次感到为儿子担心，他很希望为儿子做点什么，来弥补儿子缺失的父爱。

后来他听说儿子最大的心愿就是来中国云南拍他喜欢的一出地方戏，为了完成儿子的这个心愿，高田来到中国奔波于黄土高坡之上，在这里他遇到了也是一个从小就被爸爸忽视与漠视的孩子，在与这个孩子的相处中，高田突然发现，爸爸对孩子来说意味着什么，爸爸的冷漠与忽视不仅会让孩子的童年很痛苦，甚至会让孩子成年以后仍难以摆脱心中的孤寂与自卑。

就在高田意识到自己作为一个爸爸给儿子带来了什么样的伤害时，从日本东京传来了他儿子已经去世的噩耗，他再也忍不住自己的悲伤，潸然泪下，作为一位爸爸，他的爱刚刚觉醒，但他却再也没有机会弥补儿子了。

这部影片并不是高仓健所有佳作里最好的一部，但我认为却是这位一直以冷漠、坚硬的银幕形象著称的影坛常青树最让人感动的一个角色。他所饰演的那位爸爸坚忍、内敛、含蓄，又不乏柔肠百结，尤其是他最后父爱觉醒的那些选择，都让人特别能够体会到一个爸爸对孩子那种既含蓄压抑，又在内心蒸腾的情感，这是一位典型的东方式爸爸。他的爱也是典型的东方式男人的爱，那就是不是不爱，只是这爱永远说不出口，永远不想让孩子知道。

我认为很多冷漠型的爸爸对孩子不是没有爱，只是他们缺乏表达的技巧与习惯，在我看来爱真的需要表达，需要让你爱的人知道，告诉孩子你深爱着他们，经常给他们一个爸爸的拥抱。在他们难过的时候搂紧他们的肩，在他们高兴的时候摸摸他们的脸，父爱的表达不仅需要语言，更需要丰富的肢体语言。

尤其是对孩子来说，他们是那么弱小，那么需要爸爸的关注，任何的忽视都会给他们造成终生难以疗愈的心灵创伤，他们需要的只是一个会给他们一点爱的爸爸，他们回报给爸爸的却会是很多很多，那就是他们可能会有一个了不起的人生。

4. 遗弃型爸爸。

对于遗弃型爸爸我这里有一个量化的指标，那就是对孩子12个月以上基本不闻不问、不照顾、不陪伴的爸爸，就算是遗弃型爸爸了。这样的爸爸以单亲家庭的居多，也有一些双亲家庭的爸爸因为各种原因，对孩子特别没有责任心，很少照顾和陪伴孩子，这样的爸爸其实也是属于对孩子有遗弃行为的。

爸爸很少在生活里出现，对孩子来说始终是他心里不安全的一个来源，这样的孩子会个性内向、腼腆、胆小、脆弱、不爱与人交流，有时候甚至会自闭。

由于缺少父爱，母亲会格外溺爱孩子，对他总是有一种补偿心理。因此，这样的孩子通常都会有一些行为问题，尤其是进入青春期以后，如果缺少及时的监管和疏导，容易发生极端行为。

爸爸对孩子的存在有时候就是一种约束，而没有爸爸参与生活的孩子很容易变成无根的小草，随风游荡，没有什么可以牵引他，让他只向着阳光走，这样的小草是一个脆弱的存在，有可能一场暴风雨就改变了他的命运。

遗弃型爸爸往往有很多理由，但我却认为不管你的理由有多充分，生而不养，生而不教，是你今生今世最大的失职。还有一些遗弃型爸爸，对自己新组建的家庭的孩子呵护有加，对自己上次婚姻中的孩子却熟若无睹，近在咫尺，却不管不问。这样的爸爸已不仅仅是失职，而是应该背负道德的谴责，孩子都是爸爸散落在世界上的生命，同样都是生命，遭遇却不相同，只能说这样的爸爸人格有一定的瑕疵。

两个成年人的分分合合不应该成为孩子应该承受的灾难，成年人有选择婚姻的自由，孩子却没有选择谁成为他父母的权利。既然是父母选择了孩子，就应该为他负责任，尤其是对于爸爸来说，在所有的行为当中，遗弃孩子可能是最不能为世人所接受的，这样的爸爸人生再成功，也不会获得良好的社会评价和人们的尊重。

还有一种爸爸，他只对孩子尽物质的责任，却在情感上对孩子漠视和不在乎。虽然，在形式上看似他并没有遗弃孩子，但是在情感上很少满足孩子，这样的爸爸一样也是一种遗弃型的爸爸。因为他在感情上遗弃了自己的孩子，这对孩子来说也是一种生命不能承受之痛，与那种形式上的遗弃相比这种方式更加残忍，因为这也是一种情感暴力，一种对孩子心灵成长的摧残。

希望很多爸爸在让你的孩子来到这个世界时，多问自己几个问题：

第一：你是不是真的很需要这个小生命？

第二：你是想好了要做爸爸还是因为别人做了爸爸你也要做？

第三：做爸爸是你自己的想法还是你父母和妻子的想法？

第四：你了解一个男人做了爸爸需要的改变吗？

第五：你愿意为了你的孩子去改变自己吗？

第六：你觉得自己真的到了可以承担一个爸爸的责任的年龄了吗？

第七：你觉得自己经济上和心理上都做好抚养一个孩子的准备了吗？

第八：你有属于自己的房子吗？

第九：你的工作稳定吗？

第十：你觉得和妻子的感情稳定吗？

第十一：你认为自己有时间陪伴孩子吗？

第十二：你已经了解做一个爸爸需要储备的知识了吗？

第十三：你会为了做一个好爸爸去学习吗？

第十四：你懂得孩子如何才会快乐吗？

第十五：你会为孩子的抚养和教育与妻子有良好的沟通吗？

第十六：你认为孩子是能生就会养吗？

第十七：你在孩子的抚养教育问题上与自己的父母沟通过吗？

第十八：你有信心做一个好爸爸吗？

第十九：你是否想好了以什么样的方式与你的孩子相处？

为什么提出这么多问题要爸爸们考虑？就是因为在我近二十年的亲子教育咨询中，发现太多的爸爸是在茫然无知的状态下做了爸爸，实在根本不知道爸爸要承担一些什么样的责任的情况下，让他的孩子来到世界。当然，因为他们并不成熟，缺乏心理和能力的准备，因此爸爸的角色不仅扮演得很吃力，让他们的孩子也很不快乐，甚至各种痛苦。

我一直认为在做父母这件事上需要准备，无论是心理上的准备，还是知识的准备，还有经济上的准备，对孩子来说都很重要。因为孩子来到世界，他是一个非常弱小的存在，他不可能靠自己的力量长大成人，父母不仅是他唯一的依靠，还是他唯一的情感依托，只有父母强大，他才可能变得更强壮。

而一个成熟的爸爸能够带给他的已经不仅仅是依靠，那是一种指引，一种生命的导向。而不成熟的爸爸，则会让孩子体验太多的人世冷暖，疏离与孤独，这样的爸爸真的不是孩子想要的。虽说来到这个世界不是他所能决定的，可是你作为他的爸爸，你既有权利也有自由，如果你不确定自己可以做个好爸爸，富有智慧和责任感，你不确定可以给孩子一个完整而快乐的生活，那你还是不要着急做爸爸吧，让那颗生命的种子在太空漫游也很好，这样地球上就可以少一个不快乐的小孩了。